La collection
«Pluriethnicité-Santé-Problèmes sociaux»

La pluriethnicité définit un contexte spécifique pour l'intervention de première ligne qui s'entend comme un espace relationnel entre des intervenants et des clients de diverses origines, chacun ayant des représentations de la santé, de la maladie et du bien-être, des systèmes et des services qui sont propres à ses expériences et à sa culture tant d'origine que de classe sociale.

La collection «Pluriethnicité-Santé-Problèmes sociaux» a pour objectif principal d'offrir un lieu de réflexion et d'échanges pour mieux comprendre la dynamique des acteurs (individus et institutions) et les enjeux sociaux dans lesquels elle s'inscrit en vue d'adapter de façon pertinente et efficace leurs actions. En parallèle, elle permet une exploration approfondie des théories à la lumière des pratiques, qui vient augmenter les connaissances scientifiques dans les domaines de la santé et de l'intervention sociale en rapport avec les relations interethniques et l'immigration mais aussi plus largement avec des processus d'inclusion et d'exclusion dans la société québécoise.

Cette collection est sous la responsabilité du Centre de recherche et de formation du CLSC Côte-des-Neiges, centre affilié à l'Université McGill

Directeur scientifique : Jacques Rhéaume
Directrice des activités de recherche et de formation : Suzanne Descoteaux
Responsable du comité de publication : Jean-François Saucier

Déjà parus :

Christopher McAll, Louise Tremblay, Frédérique Le Goff. *Proximité et distance. Les défis de communication entre intervenants et clientèle multiethnique en CLSC*, Montréal, Éditions Saint-Martin, 1997.

Nathalie Dyke et Jean-François Saucier. *Cultures et Paternités,* Montréal, Éditions Saint-Martin, 2000.

Sylvie Fortin. *Destins et Défis. La migration libanaise à Montréal,* Montréal, Éditions Saint-Martin, 2000.

SE LIBÉRER DU REGARD

Agir sur la pauvreté au centre-ville de Montréal

Données de catalogage avant publication (Canada)

Vedette principale au titre:

Se libérer du regard: agir sur la pauvreté au centre-ville de Montréal

(Pluriethnicité/Santé/Problèmes sociaux)
«Programme de recherche sur le racisme et la discrimination, Université de Montréal et Service de recherche du CLSC des Faubourgs».

ISBN 2-89035-351-6

1. Pauvreté - Québec (Province) - Montréal. 2. Pauvres, Services aux - Québec (Province) - Montréal. 3. Pauvres - Québec (Province) - Montréal. 4. Travailleurs sociaux - Québec (Province) Montréal. 5. Quartiers pauvres - Québec (Province) - Montréal. I. McAll, Christopher, 1948- . II. Université de Montréal. Programme de recherche sur le racisme et la discrimination. III. CLSC des Faubourgs. Service de recherche. IV. Collection.

HV4050.M6S4 2001   362.5'09714'28   C2001-941359-9

Les Éditions Saint-Martin bénéficient de l'aide de la SODEC pour l'ensemble de leur programme de publication et de promotion.
Les Éditions Saint-Martin sont reconnaissantes de l'aide financière qu'elles reçoivent du gouvernement du Canada qui, par l'entremise de son programme d'Aide au Développement de l'industrie de l'Édition, soutient l'ensemble de ses activités d'édition et de commercialisation.

Édition: Vivianne Moreau
Illustration en couverture: *Œuvre* de Yves Lahey

ISBN 2-89035-351-6
Dépôt légal: Bibliothèque nationale du Québec, 3ᵉ trimestre 2001
Imprimé au Québec (Canada)

ÉDITIONS
SAINT-MARTIN
©2001 Les Éditions Saint-Martin
5000, rue Iberville, bureau 203
Montréal (Québec) H2H 2S6
Tél.: (514) 529-0920
Téléc.: (514) 529-8384
st-martin@qc.aira.com

Christopher McAll • Jean Fortier
Pierre-Joseph Ulysse • Raymonde Bourque

Se libérer du regard

Agir sur la pauvreté
au centre-ville de Montréal

ÉDITIONS
SAINT-MARTIN

Table des matières

Présentation

C'est avec grand plaisir que nous vous présentons ce livre intitulé *Se libérer du regard, agir sur la pauvreté au centre-ville de Montréal.* Situé au cœur d'un territoire parmi les plus marqués par la pauvreté au Québec, le CLSC des Faubourgs fait de la lutte contre la pauvreté, en partenariat avec les organismes de son milieu, son premier objectif d'intervention.

Préoccupés par leur souci d'approfondir leur compréhension du phénomène et d'améliorer leur intervention en contexte de pauvreté, des intervenants formulaient, en 1996, une demande de recherche sur la pauvreté au centre-ville. Le Programme de recherche sur le racisme et la discrimination de l'Université de Montréal accepta de réaliser l'étude, conjointement avec le service de recherche du CLSC des Faubourgs. Appuyée par des organismes du milieu, cette recherche a été effectuée sous la responsabilité scientifique de Christopher McAll, professeur au Département de sociologie de l'Université de Montréal et directeur du Programme de recherche sur le racisme et la discrimination de cette université. Nous tenons à remercier toutes les personnes qui ont contribué à la réalisation de cette recherche.

Par la diffusion de ce document, nous voulons rendre accessibles les résultats de la recherche à tous les partenaires du milieu interpellés, comme nous, par le phénomène de la pauvreté. Nous souhaitons que les questions qu'elle soulève, notamment en ce qui concerne les différentes perceptions de la pauvreté, ainsi que les pistes d'action qu'elle propose, alimentent les réflexions et stimulent les discussions qui permettront de renouveler les pratiques en contexte de pauvreté.

Sylvie Simard
Directrice des services professionnels
Coordonnatrice de l'enseignement et de la recherche
CLSC des Faubourgs

Avant-propos

La recherche dont cette publication fait état a été réalisée à la demande de l'équipe d'organisation communautaire du CLSC Centre-Ville à Montréal, l'un des deux établissements qui ont formé le nouveau CLSC des Faubourgs en 1996, par des chercheurs associés au Programme de recherche sur le racisme et la discrimination de l'Université de Montréal et au Service de recherche du CLSC des Faubourgs. Elle a été subventionnée par le Conseil québécois de recherche sociale. Le projet a été effectué en partenariat avec l'Association des locataires d'un important ensemble de HLM au centre-ville de Montréal (que nous appelons, dans ce livre, le Complexe les Riverains) et avec les administrateurs de ce même ensemble.

La rédaction des différentes parties du texte a été assumée de la manière suivante : Christopher McAll a écrit les chapitres 2 et 3 à partir d'analyses effectuées par Jean Fortier (entrevues avec des responsables des institutions publiques et organismes communautaires), Pierre-Joseph Ulysse (entrevues avec des intervenants en individuel du CLSC des Faubourgs), Jean Fortier et Raymonde Bourque (entrevues avec des organisateurs communautaires) et Christopher McAll (résidants en HLM). Ces analyses sont disponibles sur le site Internet du Centre d'études ethniques de l'Université de Montréal (CEETUM) et du CLSC des Faubourgs[1]. L'introduction, la conclusion et le chapitre 4 ont été écrits en collaboration par Christopher McAll, Jean Fortier et Pierre-Joseph Ulysse. Les entrevues ont été effectuées principalement par Jean

---

1. McAll, Christopher, Jean Fortier, Pierre-Joseph Ulysse, Raymonde Bourque, *Se libérer du regard, agir sur les barrières*, Rapport de recherche présenté au CQRS, 2000 (ISBN 2-921-631-15-6), p. 21-262.
   Site Internet du CLSC des Faubourgs : www.clscfaubourgs.qc.ca
   Site Internet du Centre d'études ethniques de l'Université de Montréal : www.ceetum.umontreal.ca

Fortier, Pierre-Joseph Ulysse et Raymonde Bourque, avec la participation plus ponctuelle de Christopher McAll, Nathalie Freitag et Mauricio Ruano. En plus, un certain nombre d'entrevues on été réalisées par l'Association des locataires, partenaire de la recherche, qui a aussi participé à l'organisation des tables rondes.

Au CLSC des Faubourgs, ce projet a bénéficié des conseils précieux de plusieurs intervenants et responsables, notamment les membres du comité aviseur de la recherche — Jacques Gagné, Michel Fontaine et Gérard Talbot — ainsi que Kristiane Gagnon, Suzanne Dessureault, Pierre Langlois et Pierre Legros.

Au Complexe les Riverains, le projet a reçu le soutien et la collaboration des administrateurs (André Morand et Raymond Patenaude) et de l'Association des locataires (Berthe Marcotte, Roland Durocher, Rolande Prieure et Édouarda Freitas). Ont également apporté une contribution François Thivierge, Ermsgath Guerrier, et Daniel Léonard.

Introduction

Cette recherche, portant sur la pauvreté au centre-ville de Montréal, est partie de l'idée que les intervenants sociaux, dont le champ de pratique se limite aux quartiers défavorisés, doivent se montrer de plus en plus aptes à faire face à une diversité de situations de dénuement relatives au problème de la pauvreté. Elle place en interaction trois types d'acteurs : des chercheurs universitaires, des intervenants sociaux impliqués sur le terrain et des membres de la population ciblée. La recherche avait comme double objectif la production de nouvelles connaissances et le développement d'outils pour l'amélioration de la qualité de l'intervention.

Nous nous sommes inspirés des recommandations de quelques grandes enquêtes sur la pauvreté réalisées au Québec au cours des années 1990. On peut penser, entre autres, au rapport du groupe de travail sur les jeunes présenté en 1991, *Un Québec fou de ses enfants,* et à celui produit en 1994 par le Comité de la santé mentale du Québec, *Les liens entre la pauvreté et la santé mentale.* Dans le premier rapport, on considère que la pauvreté représente une «courbe dangereuse» où les risques de dérapage sont trop importants pour être négligés dans l'intervention. La «réduire» devient ainsi une «absolue nécessité» qui nous oblige :

> [...] à considérer le manque de ressources matérielles comme un problème tout aussi valide et légitime [...] que des problèmes psychosociaux. Il s'agit là d'une action préventive de toute première importance que de nombreux intervenants ont déjà intégrée à leurs approches. Il faut désormais en faire une question de saine pratique institutionnelle et professionnelle (Québec, 1991 : 75).

De leur côté, les auteurs du rapport sur les liens entre la pauvreté et la santé mentale considèrent « la lutte contre la pauvreté et l'exclusion comme un projet de société capable de changer fondamentalement les rapports sociaux, économiques et politiques de l'ensemble des membres de notre société » (Robichaud *et al.*, 1994 :176).

Nous nous sommes inspirés également de certaines priorités que se sont données diverses institutions ayant la mission de veiller à la santé et au bien-être de la population. Par exemple, dans la Politique de la Santé et du Bien-être, le ministère de la Santé et des services sociaux juge que l'insuffisance de revenu et les privations financières ont des effets directs et indirects sur la santé et que le stress qui y est relié est en bonne partie responsable du peu de succès de certains types d'intervention. La pauvreté ne signifie pas seulement :

> [...] insuffisance d'accès à des biens et à des services de base ainsi qu'à des possibilités qui sont offertes aux groupes plus favorisés de la population. [Elle] se traduit [aussi] par le peu de représentation auprès des pouvoirs publics et souvent par la marginalisation, l'exclusion, la discrimination, la désapprobation et la honte (Québec, 1992 :156).

Dans son document sur les priorités régionales pour 1995-1998, la Régie régionale de la Santé et des services sociaux de Montréal-Centre considère aussi que la pauvreté représente « un puissant déterminant de la santé et du bien-être de la population ». Étant donné que les personnes aux prises avec des problèmes de revenu, de scolarité, de logement ou d'accès à l'emploi constituent les groupes les plus vulnérables de notre société, « une action efficace, voulant améliorer la santé et le bien-être de la population ne peut donc éviter d'essayer d'agir sur les conditions de vie de nos concitoyens » (RRSSSM, 1995 :8). En outre, l'action sur la pauvreté des personnes résidant au centre-ville, qui constituait l'une des priorités des plans d'action pour 1991-1994 et 1994-1997 de l'ex-CLSC Centre-Ville, a été réaffirmée comme priorité par le CLSC des Faubourgs, issu du regroupement du CLSC Centre-Ville et du CLSC Centre-Sud.

Il demeure toutefois que cet ensemble de discours présentant la pauvreté comme l'une des priorités de l'intervention sociale s'inscrit dans une perspective globale et ne propose pas d'outils pouvant la saisir concrètement dans ses multiples aspects et ses effets cumulés. Or, le succès d'une intervention sur la pauvreté ne dépend pas seulement de modes d'actions orientées. Il présume une bonne connaissance de l'expérience quotidienne de la population visée, de ses caractéristiques sociodémographiques et du contexte physique et social dans lequel cette population évolue.

Les interventions sur la pauvreté consistent en un ensemble d'actes et de gestes qu'un intervenant social pose en vue de prévenir, d'alléger ou d'éliminer les causes ou les effets associés au problème de pauvreté. Ces interventions mettent l'intervenant en contact quotidien avec la pauvreté. Il devient ainsi pensable de pouvoir cerner certains des mécanismes générateurs de la pauvreté à partir d'une analyse de l'expérience des intervenants, d'un côté, et des trajectoires de vie de personnes vivant dans la pauvreté, de l'autre. Le recours à ces matériaux devrait permettre, jusqu'à un certain point, de dégager ce qu'on peut appeler les «profils de pauvreté», d'identifier les facteurs et processus sociaux favorisant ou faisant obstacle à la sortie de la pauvreté, de montrer les impacts de différents types d'intervention, et de contribuer, le cas échéant, à l'élaboration d'outils pour des types d'intervention alternatifs.

Cette recherche se distingue d'autres études abordant la problématique de la pauvreté de plusieurs manières. D'abord par son objet : ce projet ne concerne pas la pauvreté en soi. Nous voulons cerner les dynamiques qui la produisent et l'impact de ses effets cumulés sur le quotidien des acteurs sociaux concernés. Deuxièmement, elle est originale par sa méthodologie. Nous avons voulu cerner la pauvreté en recourant aux perceptions de deux groupes (intervenants et résidants) entretenant, dans un même espace physique et social, des rapports différents avec le phénomène de pauvreté. Ceci signifie en termes analytiques : porter une attention particulière aux «événements» qui caractérisent et ponctuent les interventions ou les trajectoires de vie des acteurs, tenir compte des projets, des stratégies d'intervention, ainsi que des stratégies de survie des personnes vivant dans une situation de pauvreté.

Enfin, l'originalité de cette recherche réside dans son objectif. Cherchant à identifier les «barrières» et les facteurs d'opportunité, elle pose non seulement la question de la pauvreté mais aussi celle de la compréhension et des aptitudes de ceux qui y interviennent comme de ceux qui y vivent. Elle vise l'élaboration d'outils pouvant contribuer au renouvellement des pratiques sociales d'intervention sur la pauvreté. Penser l'intervention sur la pauvreté, c'est d'abord considérer les dynamiques productrices de la pauvreté dans leurs interrelations et leur complexité.

Chapitre 1

Les multiples dimensions de la pauvreté

La pauvreté apparaît aujourd'hui comme l'un des problèmes sociaux les plus importants. La vision économiciste la définit en termes de « seuil de revenu », considéré comme un critère de référence « objectif » permettant de dire qui est pauvre et qui ne l'est pas, c'est-à-dire qui a la capacité minimale de se nourrir, se loger et se vêtir. Dans la perspective de Statistique Canada, l'analyse de la pauvreté se structure autour des « seuils de faible revenu », c'est-à-dire des « niveaux de revenus bruts à partir desquels les dépenses de nourriture, logement et vêtements représentent une part disproportionnée des dépenses des ménages » (CNBES, 1999: 4)[1].

C'est donc à partir de ces normes de faible revenu qu'on considère qu'en 1989, 13,6 % de la population canadienne (ou 3,5 millions de personnes) vivait sous le seuil de la pauvreté (voir Robichaud *et al.*, 1994). En 1998 ce pourcentage a atteint 16,4 % pour un total de 4,9 millions de personnes (CNBES, 2000). Au Québec, le pourcentage est passé de 16,7 % à 22 % pendant la même période. Le nombre absolu de personnes qui se trouvent en deçà des 50 % du seuil de faible revenu a aussi augmenté significativement entre 1989 et 1997, passant respectivement de 143 000 à 277 000 familles et de 287 000 à 456 000 personnes seules (CNBES, 1999). Selon les chiffres de 1997, les groupes dont les taux de pauvreté sont les plus élevés sont les mères seules de moins de 25 ans (dont 93 % vivent dans la pauvreté), les per-

---

1. Selon Statistique Canada, le seuil de faible revenu est atteint à partir du moment où la proportion du revenu brut dépensée sur le logement, la nourriture et les vêtements et de 20 % supérieure à la moyenne canadienne (CNBES, 1999:4).

sonnes seules de moins de 25 ans (58 %) et les mères seules âgées de 25 à 44 ans (55 %). Ces groupes sont suivis de près par les femmes seules de tous les groupes d'âge, les jeunes familles (autres que celles dirigées par des mères seules) et les hommes seuls. La situation de ces personnes est critique non seulement à cause de leur situation financière mais aussi à cause de l'enchevêtrement d'une multiplicité de problèmes affaiblissant leur capacité de s'en sortir.

La pauvreté touche des segments de plus en plus larges de la population qu'on désignait à la fin des années 1980 comme les «nouveaux pauvres» (Lesemann, 1989; Santé et société, 1990). Parmi les catégories touchées figurent les chômeurs, les femmes monoparentales, les jeunes, les personnes seules, les travailleurs à salaire minimum et les nouveaux immigrants. Deux facteurs principaux servent à expliquer cette «nouvelle pauvreté»; d'abord les changements au marché du travail et la précarisation de l'emploi, ensuite la crise familiale qui a provoqué la déstructuration des réseaux de soutien affectif servant à atténuer la pauvreté. Le travail ne protégeant plus de la pauvreté, de nombreuses personnes n'arrivent pas à tirer de leur activité de travail un revenu suffisant leur permettant de vivre convenablement (Lesemann, 1989). La précarisation de l'emploi a continué à avoir un effet sur la pauvreté pendant les années 1990. On remarque notamment que les taux de pauvreté ont continué à augmenter entre 1992 et 1997, même si les taux de chômage sont à la baisse (CNBES, 1999). Ce n'est qu'en 1998 qu'il y a eu une légère baisse dans le taux de pauvreté (CNBES, 2000).

À la fin des années 1980, certains auteurs suggèrent que c'est la combinaison des effets pervers du développement économique et des lacunes de la protection sociale qui produit ces nouvelles formes de pauvreté (Santé et Société, 1990). Les mutations du marché du travail ne placent pas seulement certains groupes de travailleurs hors des sphères de la production des biens et services. En provoquant la dévalorisation des compétences et qualifications traditionnelles, elles réduisent leur niveau d'accessibilité au marché du travail et leurs chances d'obtenir un autre emploi. Ce double processus d'exclusion fait en sorte que le travail est de moins en moins perçu comme l'espace central de socialisation et de réalisation de soi (Gorz, 1993). Il est aussi à l'origine d'une rareté d'emplois qui accélère l'appauvrissement des gens vivant dans une situation de non-travail et augmente la dépendance de ces derniers à l'égard des transferts sociaux. Il donne lieu à un « contexte général d'appauvrissement », « le résultat combiné de politiques socio-économiques et de mécanismes d'exclusion et de marginalisation qui viennent mettre à rude épreuve les stratégies d'existence des individus et des communautés » (Robichaud *et al.*, 1994 : 52).

Les effets de la pauvreté

La pauvreté engendrée par une situation de non-travail comporte des conséquences multiples aussi bien au niveau individuel qu'au niveau collectif et familial. Elle entraîne la perte de la sécurité financière, limite les contacts sociaux, fragilise les liens familiaux, affecte la santé. Si les effets que la pauvreté exerce sur la vie et sur les structures familiales sont parfois subtils, ils n'en demeurent pas moins pernicieux (Québec, 1991). D'abord elle condamne autant les parents que les enfants à vivre dans des environnements sociaux représentant des facteurs de risque pour leur santé physique et mentale. Ensuite, elle place les parents dans l'impossibilité de répondre adéquatement à leurs obligations parentales. Le stress, l'insécurité financière et matérielle qu'elle cause entravent parfois la formation de certains liens d'attachement. Enfin, elle laisse aux jeunes vivant dans les milieux défavorisés une possibilité d'insertion assez réduite.

Le rapport de Robichaud *et al.* sur les liens entre la pauvreté et la santé mentale suggère que la pauvreté a des effets néfastes sur les relations entre les parents et les enfants. D'une part, elle « diminue les capacités parentales » ; d'autre part, elle « augmente la détresse psychologique chez les parents, ce qui en retour perturbe leurs relations avec leurs enfants », dépouille les parents de leur pouvoir et génère la honte chez les enfants. Enfin, elle multiplie les probabilités de violence des parents envers les enfants (Robichaud *et al.*, 1994 : 107-112). Les risques de négligence et de violence envers les enfants sont de six à sept fois plus élevés dans les contextes de pauvreté et de marginalisation que dans les contextes où les gens peuvent compter sur des ressources personnelles et environnementales suffisantes (Québec, 1991 : 67).

Si l'on croit les multiples études qui en font état, il apparaît que les liens entre la pauvreté et l'état de santé (physique et mentale) est de l'ordre des évidences et que la situation du Québec ne fait pas exception

(Colin *et al.*, 1992; Ferland et Paquet, 1994; Langlois et Fortin, 1994; Robichaud *et al.*, 1994; Warren, 1994). Les liens entre les deux phénomènes sont multidimensionnels. Leur étude «renvoie aux mécanismes et processus sociaux complexes dans lesquels prennent racine les phénomènes d'exclusion et de marginalisation... et [à ceux] qui structurent l'existence individuelle non pas seulement de l'intérieur, mais également de l'extérieur» (Robichaud *et al.*, 1994:13-14). Non seulement la pauvreté est en soi un facteur de risque, mais elle vient aussi renforcer la présence d'autres facteurs associés aux problèmes de santé mentale et en aggrave les conséquences. En ce sens, «la pauvreté et l'appauvrissement des populations constituent un des plus puissants prédicteurs de la genèse et de la chronicisation, de l'alourdissement et de l'augmentation de l'ensemble des problèmes de santé mentale» (Robichaud, 1994:89).

Dans le rapport de l'Enquête Santé Québec, Lavallée *et al.* (1995) maintiennent aussi que les écarts de santé entre les personnes défavorisées et les personnes aisées constituent une des constantes des vingt dernières années. Les personnes pauvres ont un état de santé plus détérioré, connaissent un niveau de détresse psychologique plus élevé, manifestent plus souvent des tendances suicidaires. Souffrant beaucoup plus de maladies chroniques et aiguës, elles jouissent d'une espérance de vie moindre, avec un écart pouvant atteindre jusqu'à 14,4 années (Wilkins, 1986; Colin *et al.*, 1989). La conclusion d'une autre étude portant sur les revenus individuels laisse croire également que plus un quartier est pauvre, plus l'espérance de vie des résidants est brève (Canada, 1990:6). Ceux qui y habitent sont plus souvent malades et handicapés et ils meurent plus tôt. En revanche, plus les gens disposent d'un niveau de revenu élevé et sont socialement insérés, plus ils perçoivent et évaluent leur condition de santé de manière positive (Lavallée *et al.*, 1995). Ces écarts, qui ne font que témoigner du succès mitigé des programmes sociaux de réduction des inégalités, confirment en même temps que le statut socio-économique est un déterminant majeur de l'état de santé et du bien-être de la population.

La concentration spatiale de la pauvreté

L'augmentation de la pauvreté et sa concentration spatiale ne sont pas, bien sûr, des problèmes spécifiquement québécois et canadiens.

Aux États-Unis, on constate une détérioration de la situation économique des gens vivant dans les grands centres urbains depuis le début des années 1970 (Kasarda, 1989; Wilson, 1987, 1996). Plusieurs facteurs «exogènes», c'est-à-dire des facteurs sur lesquels les gens vivant dans une situation de pauvreté n'ont aucun contrôle, aident à expliquer ce phénomène (Massey *et al.*, 1994). On peut citer, entre autres, le montant des transferts sociaux, la monoparentalité et la vulnérabilité des femmes présentes sur le marché du travail, la désindustrialisation des centres-villes et le déplacement des emplois vers les banlieues, le déclin des emplois manufacturiers et la prolifération des emplois précaires, enfin, le passage d'une économie de biens à une économie de services.

D'autres auteurs pensent que la pauvreté ne représente qu'un facteur de la concentration spatiale de certaines populations aux États-Unis. C'est plutôt la ségrégation raciale et la ségrégation de classe qui conduisent à la création d'une sous-classe (underclass), caractérisée principalement par sa situation en dehors de la structure de classe et par sa rupture avec les institutions sociales dominantes (Massey *et al.*, 1994). Ensuite, les logements sociaux en soi jouent un rôle important dans la concentration spatiale de la pauvreté dans les centres urbains américains, puisqu'ils sont fortement ségrégués en termes de classe et de «race» (Bauman, 1987; Bickford et Massey, 1991; Hirsch 1983; Massey *et al.*, 1994). Étant donné que le principal critère d'éligibilité reste le bas revenu, ils contribuent à entraîner dans un espace géographique réduit un nombre élevé d'individus pauvres (Massey et Kanaiaupuni, 1993), produisant ainsi, selon certains, un environnement social défavorable et isolé. On ne peut cependant analyser le rôle du logement social sans tenir compte de la ségrégation résidentielle du marché de logement privé qui oblige les pauvres, et particulièrement les Noirs aux États-Unis, à aller vivre dans des zones défavorisées ou des «ghettos». Cette corrélation positive et forte entre les inégalités de revenu, la ségrégation résidentielle et la ségrégation raciale montre qu'il est difficile d'aborder la problématique de la concentration spatiale de la pauvreté sans prendre en considération autant l'impact des politiques publiques que celui de pratiques discriminatoires.

Si la situation aux États-Unis peut être d'un apport significatif pour cette étude, il faut toutefois reconnaître que la situation au

Québec, et tout particulièrement au centre-ville de Montréal, a des traits spécifiques. Ces traits sont associés, entre autres, à l'appartenance ethnolinguistique et à la répartition particulière sur le territoire des populations vivant dans la pauvreté (Gauthier, 1995). La problématique des logements sociaux à Montréal ne concerne pas un groupe homogène, puisqu'elle donne lieu à une «cohabitation interethnique», où des différences de valeurs et d'attitudes renvoient à des différences d'éducation et d'identité sociale (Dansereau, Séguin et Leblanc, 1995:246). Le principal problème reste l'implantation de certains de ces grands ensembles dans des quartiers mal famés où souvent des problèmes de délinquance, d'itinérance, de toxicomanie et de prostitution condamnent les résidants à vivre repliés chez eux. Une situation qui amène à percevoir le HLM comme un «ghetto» (*ibid.*).

La pauvreté au centre-ville de Montréal

Selon les données de 1996, trois personnes sur cinq habitant les dix secteurs de recensement du centre-ville[2], soit 58 % des ménages privés, vivent sous le seuil de faible revenu, comparé à 56 % cinq ans plus tôt[3]. Plus de la moitié des familles du centre-ville (52 %) et 61 % des personnes seules vivent aussi sous le seuil de faible revenu. La pauvreté est présente dans l'ensemble du territoire desservi par le CLSC des Faubourgs comprenant, entre autres, le centre-ville (12 050 résidants), le Centre-Sud (29 115 résidants), le Vieux-Montréal (1665 résidants) et une portion à l'ouest de la rue de Bleury (290 résidants). Sur l'ensemble de ce territoire, on rencontre le même pourcentage de ménages vivant sous le seuil de faible revenu (58 %) qu'au centre-ville et presque autant de familles (49 %) et d'individus seuls (64 %). En ce qui concerne le niveau de pauvreté, le territoire desservi par le CLSC des Faubourgs se compare désavantageusement à l'ensemble de la Ville de Montréal (avec un taux de pauvreté de 41 %) et à l'ensemble de la région sanitaire de Montréal-Centre (35 %).

---

2. Nous désignons par «centre-ville» les dix secteurs de recensement, totalisant 12 050 résidants, situés dans le quadrilatère formé des rues Bleury à l'ouest, Amherst à l'est, Sherbrooke au nord et Saint-Antoine au sud. La population de ce territoire est desservie par le CLSC des Faubourgs.

3. Source: Statistique Canada, recensements 1986-1991-1996, données traitées par le Centre d'intervention pour la revitalisation des quartiers (CIRQ) pour le CLSC des Faubourgs.

Ces chiffres réactualisent les conclusions des travaux de Ferland (1991) voulant que le territoire actuellement desservi par le CLSC des Faubourgs, particulièrement le centre-ville, soit exposé à une situation quasi généralisée de pauvreté. Il compte le plus fort pourcentage de personnes vivant sous le seuil de la pauvreté au Québec. En 1995, un ménage sur cinq vivant au centre-ville dispose d'un revenu annuel de moins de 10 000 $. La proportion est de presque trois sur dix pour ceux ayant un revenu entre 10 000 $ et 20 000 $. En d'autres mots, la moitié des ménages du centre-ville comptent sur un revenu annuel de moins de 20 000 $ (42 % des familles et 67 % des personnes seules). Ces pourcentages restent semblables pour l'ensemble du territoire du CLSC des Faubourgs. Un peu plus de la moitié (53 %) des ménages, 41 % des familles et 69 % des personnes seules ont un revenu annuel de moins de 20 000 $. Sauf dans le cas des personnes seules, les chiffres se situent à un niveau nettement supérieur à ceux de la Ville de Montréal où 40 % des ménages et 27 % des familles ne disposent pas d'un revenu annuel dépassant 20 000 $.

La pauvreté fait ainsi partie du quotidien d'une bonne partie des personnes résidant sur le territoire du CLSC des Faubourgs. Elle affecte surtout les familles monoparentales (dont 83 % vivent dans la pauvreté), les familles ayant des enfants de moins de 18 ans (69 %), les jeunes de 18-24 ans (73 %) et les personnes seules (63 %). Les enfants de 0 à 5 ans sont pauvres dans une proportion de 74 % et ceux de 6 à 17 ans dans une proportion de 75 %, alors que le taux se situe à 60 % dans le cas des femmes et à 62,5 % dans le cas des personnes âgées de 65 ans et plus. Des données provenant des Centres locaux d'emploi et présentées par tranches d'âge révèlent qu'en mars 1999, 30 % des résidants du territoire âgés de moins de 65 ans reçoivent des allocations d'aide sociale comparé à 15 % pour l'ensemble de la population régionale. L'espérance de vie à la naissance des résidants du centre-ville est de 70,7 ans, ce qui représente un déficit de 7,4 ans comparé à l'ensemble de la population de la région de Montréal-Centre (78,1 ans). L'indice comparatif de mortalité est significativement élevé pour toutes les causes de décès (146 pour le CLSC des Faubourgs comparé à la moyenne de 100 pour la région) et situe la population du territoire desservi par le CLSC des Faubourgs au troisième rang parmi les 29 territoires de la région. En outre, le taux annuel moyen d'hospitalisation

1996-1998 de la population du territoire est le deuxième plus élevé de la région pour l'ensemble des diagnostics[4].

Le Complexe les Riverains

Le projet de recherche dont il est question dans ce texte a porté plus particulièrement sur les 1665 résidants de ce que nous appellerons le « Complexe les Riverains », un ensemble de logements sociaux en plein cœur du centre-ville de Montréal. Selon les chiffres fournis par les administrateurs de ce complexe, 68 % des résidants sont des immigrants provenant de 67 pays différents. Parmi les 750 ménages qui y vivent, plus de la moitié (51 %) sont composés d'une seule personne, tandis qu'un peu moins que le tiers (29 %) sont composés de 3 personnes ou plus. En 1996, seulement 18 % des personnes âgées de 15 ans et plus font partie du marché du travail (comparativement à 25 % en 1986), tandis que le taux de chômage a plus que doublé au cours des années 1990, passant de 19,7 % à 46,7 %.

Nous ne saurions parler de l'appauvrissement des résidants du Complexe les Riverains sans retenir le fait que celui-ci est implanté sur un territoire où richesse et pauvreté se côtoient. Englobant des secteurs de recensement dont les revenus annuels moyens oscillent de 16 177 $ pour le plus pauvre à 38 866 $ pour le plus riche, le centre-ville n'est pas seulement un environnement social où l'on retrouve la prostitution, les boutiques de sexe, la drogue et différentes populations marginalisées. Il loge aussi des professionnels de la classe moyenne, d'importants commerces, de grosses corporations et de multiples sièges sociaux. Des milliers d'étudiants, de travailleurs et de visiteurs en quête de divertissement y transitent quotidiennement. Un tel côtoiement laisse supposer que l'exclusion économique n'est qu'un aspect du processus d'appauvrissement auquel cette population est soumise. La mise en marge de cette dernière est également sociale et spatiale, dans le sens qu'elle s'étend à d'autres activités se déroulant sur le territoire, telles les activités éducatives et culturelles. Une telle supposition est d'ailleurs soutenue par les constats que nous avons pu dégager de deux entrevues de groupe exploratoires réalisées dans le cadre de la préparation de cette

---

4. Indice de 1213 comparativement à 951 pour la région.

recherche[5] et dont l'analyse suggère que les gens qui résident dans ces HLM sont confrontés à une multiplicité de situations de pauvreté.

De « l'incompétence » à la compréhension

Deux grands courants théoriques dominent actuellement le champ d'explication de la pauvreté. Il y a d'abord le courant néoconservateur qui ramène les explications aux capacités individuelles, à la culture de dépendance et de pauvreté engendrée par le système d'aide sociale (Murray, 1992). Si les gens ne travaillent pas, ce n'est pas à cause de l'incapacité du marché du travail de créer des emplois, mais à cause de l'éthique du *welfare* qui les a retenus trop longtemps en dehors de ce marché. La pauvreté est moins économique que culturelle et comportementale (Mead, 1991). Elle relève non pas des inégalités sociales mais des comportements individuels pathogènes confinant les personnes assistées sociales dans une culture de dépendance. Pour remédier à de telles situations et extirper « l'ethos » du *welfare*, Mead (1986) propose la théorie du renforcement centrée sur la nécessité de traduire le *welfare* en *workfare,* c'est-à-dire sur l'importance d'exiger des prestataires une forme de travail productif en échange de l'assistance sociale. C'est d'ailleurs dans cette perspective qu'on considère les personnes pauvres responsables de leur propre condition, étant donné leur « incompétence » et leur manque de volonté pour travailler. C'est la perspective qui a présidé à la mise sur pied des programmes d'employabilité au Canada et au Québec et à la légalisation du *workfare* aux États-Unis.

Les critiques adressées à ces types de programme sont légion. On leur reproche, entre autres, de ne pas offrir une vraie perspective d'emploi (Sheak et Dabelko, 1991 ; Tobin, 1990). La législation les soutenant persiste à vouloir changer les caractéristiques sociales et psychologiques des personnes vivant dans la pauvreté sans s'attaquer aux inégalités inhérentes aux systèmes sociaux, politiques et économiques (Chillman, 1992). Tout en se concentrant sur la formation de la main-d'œuvre, la nécessité d'intégrer les prestataires sur le marché de l'emploi et la restauration de l'éthique du travail, ces mesures négligent les niveaux de salaires, la quantité et la qualité des emplois disponibles.

---

5. Il s'agit de deux entrevues de groupe effectuées par Jean Fortier et Raymonde Bourque.

Cette omission semble, en grande partie, expliquer le fait que les résultats ne soient pas satisfaisants[6]. McAll et White (1996) concluent que les mesures de développement d'employabilité au Québec mènent peu à l'emploi ou à l'insertion professionnelle et encore moins à l'insertion sociale[7].

Une autre critique repose sur le fait que, par ce type de programme, on cherche à rendre équivalentes les notions de réduction de la dépendance et de réduction de la pauvreté (Morris et Williamson, 1987; Rosenbluth, 1990). Or, malgré les nombreux liens structurels qui existent entre elles, ces deux notions ne peuvent être utilisées de manière interchangeable. Elles ne traduisent pas les mêmes préoccupations. La première se réfère aux revenus provenant de sources autres que le marché du travail — en particulier des programmes d'assistance publique — et à la nécessité de réduire la dépendance à l'égard de ces revenus. La deuxième notion — la réduction de la pauvreté — se réfère davantage à l'obtention des ressources suffisantes pour mener un niveau de vie décent. La première notion met l'accent sur les coûts/bénéfices et la deuxième sur les coûts/bien-être (Lesemann et Ulysse, 1995). Émanant de perceptions et d'analyses différentes de la pauvreté, elles n'impliquent pas les mêmes processus, n'exigent pas les mêmes actions et ne poursuivent pas les mêmes objectifs. Conçus dans une perspective de réduction des coûts sociaux, le *workfare* américain et les mesures de développement d'employabilité du Québec ne peuvent que contribuer à la réduction de la dépendance, au lieu de la réduction de la pauvreté (Danziger, 1988).

Au lieu d'évoquer l'éthique du *welfare* pour expliquer le chômage et la pauvreté, un deuxième courant théorique, celui du *mismatch*, évoque les caractéristiques du marché du travail actuel et insiste sur l'écart existant entre le niveau de qualification des personnes pauvres et

---

6. En ce qui concerne les mesures de développement d'employabilité, les chiffres avancés en 1994 par le ministère de la Sécurité du revenu du Québec sont assez révélateurs en ce sens. On affirme que 88 % des personnes participant aux programmes de développement d'employabilité n'obtiennent pas un emploi stable.

7. Étant donné que ces programmes sont conçus selon une logique de réduction de dépendance, ils mettent l'accent sur l'insertion professionnelle, considérant que l'insertion sociale viendra par surcroît.

celui exigé par les nouvelles sources d'emplois d'une économie devenue de plus en plus dépendante de la technologie. Cette théorie, proposée par les structuralistes, contraste avec celle du renforcement autant dans l'explication des faits que dans l'explicitation des effets (Wilson, 1987; Kasarda, 1989). La pauvreté dans les ghettos et les centres-villes découlerait de l'échec d'un système économique dans lequel les personnes peu ou pas qualifiées ont perdu leur droit au travail (Wilson, 1989). Alex-Assensoh (1995) maintient aussi que les débats associant la pauvreté et l'émergence de la sous-classe aux comportements pathogènes ou aux traits culturels d'un groupe ethnique donné ne font qu'entretenir un mythe. Marks (1995) conclut à son tour que la pauvreté est le résultat des processus de différenciation mis en place dans un marché du travail stratifié et segmenté, où les particularités ethniques jouent un rôle significatif dans l'accès aux ressources de certaines catégories de la population.

Si les perspectives précédentes sont venues alimenter notre réflexion, nous avons toutefois privilégié dans cette recherche la voie développée lors d'études antérieures réalisées à Montréal (McAll, 1995, 1996; McAll et White, 1996). Dans une recherche examinant l'expérience, entre 1988 et 1994, de 69 femmes ayant des enfants à charge et inscrites à la sécurité du revenu au mois de juillet 1993, par exemple, nous sommes arrivés à la conclusion que la pauvreté n'est pas un état homogène — quoiqu'un manque chronique de ressources puisse avoir un effet homogénéisant en termes de santé et de conditions de vie. Elle varie selon l'âge, l'expérience de travail, la scolarisation, les rapports familiaux, la compétence linguistique, le statut d'immigration et d'autres facteurs.

Par exemple, dans les secteurs du marché de l'emploi auxquels ces femmes avaient accès, les salaires étaient généralement insuffisants pour assurer, à elles et à leurs enfants, des conditions de vie minimales, ce qui avait pour effet de les inciter à quitter le marché de l'emploi. Certaines se disaient aussi particulièrement vulnérables au harcèlement et aux comportements intimidants ou violents de la part des hommes, étant donné leur situation économique. Elles avaient en outre des difficultés à se procurer un logement, les propriétaires hésitant à les accepter comme locataires. Il y avait ainsi un profil particulier d'appauvrissement associé à la condition de ces femmes, lequel commandait des stratégies particulières d'action ou d'intervention. L'appauvrissement est apparu moins comme un *état* que comme un ensemble de rapports impliquant différentes catégories d'acteurs sociaux — entre autres, des employeurs, des propriétaires de logement, des ex-conjoints et des agents d'aide sociale. La « condition » de pauvreté se renouvelle dans les rapports quotidiens et routiniers avec les autres, notamment en termes de comportements jugés discriminatoires ou différentiels.

Cette voie consiste à percevoir la construction et le maintien de la pauvreté en fonction d'un ensemble de « barrières » auxquelles les individus doivent se confronter dans leur quotidien. N'étant ni un « objet » ni une « condition », la pauvreté se produit à travers un ensemble de rapports inégalitaires prenant place à l'intérieur d'un certain nombre de territoires sociaux (McAll, 1995). Pour la comprendre de façon dynamique, il faut repérer ces « lieux d'interaction catégorielle » et identifier les catégories d'acteurs qui participent à la construction et au maintien de la pauvreté en procédant à l'appropriation collective de ressources territoriales disponibles et à l'« exclusion » des autres (McAll, 1996). De tels processus prennent forme et se légitiment à travers la mise en place d'un certain nombre de mécanismes de catégorisation axés sur la classe, le sexe et l'origine ethnique.

La notion d'exclusion réfère aux gens qui se trouvent en marge de la *cité* (Jaccoud, 1995 :94); elle implique la rupture, la mise à distance, la marginalité et la « désaffiliation » sociale (Castel, 1991, 1994 ; Jaccoud, 1995, 1996). Gauthier considère que « l'exclusion fait référence à une dimension du phénomène de pauvreté, l'affaiblissement ou la rupture des liens sociaux, souvent négligée au profit de la dimension économique » (Gauthier, 1995 :152-153). N'étant pas conçue seulement en termes de manque de participation aux institutions politiques et au manque de ressources financières, cette notion désigne également un manque de pouvoir. Tout comme la marginalisation, elle est le produit d'un rapport entre majoritaires et minoritaires (Jaccoud, 1995), rapport qui résulte, pour une partie de la population, « en la mise hors des processus normaux de participation à la vie de la société » (Gauthier, 1995 :153).

Cette perspective présente des affinités avec celle développée par Lister (1990), qui décrit la pauvreté comme une limite à l'exercice des droits de citoyenneté, au respect des obligations civiles et à la capacité de participation des personnes démunies. La pleine citoyenneté va au-delà de la possession formelle des droits ; elle requiert également la disposition d'une quantité suffisante de ressources matérielles et sociales facilitant aussi bien l'exercice des droits que le respect des obligations. De cette façon, en gardant les individus dans une situation de manque et de privation, la pauvreté empêche les personnes démunies de jouir pleinement de leurs droits. Elle ne constitue pas seulement une remise en cause de la citoyenneté (Robichaud *et al.*, 1994), elle en est l'antithèse (Roche, 1992).

Enfin, nous nous inspirons des notions d'« incorporation à la marge » et d'« intégration périphérique » que Jaccoud (1992, 1996) a développées dans le but d'appréhender les dynamiques à l'œuvre dans la marginalisation et l'exclusion des autochtones au Québec et au Canada. Ces deux concepts nous ont aidés à questionner les interventions du CLSC, en particulier la notion de « services », qui constitue le prisme à travers lequel sont perçues l'existence du CLSC et toute sa manière d'intervenir. Il s'agit de savoir dans quelle mesure le CLSC, dans son rôle d'acteur produisant le social, n'est pas lui-même impliqué dans un processus de gestion de l'exclusion en ce qui a trait à l'accès aux institutions, à la santé, à l'emploi, à l'alimentation et au logement. Dans quelle mesure les services offerts et la façon dont ils sont offerts conduisent, ou non, à une intégration réduite à la périphérie des gens exclus des principaux réseaux sociaux et des principaux territoires nécessaires à l'exercice de la vraie participation sociale et communautaire ? Les interventions du CLSC contribuent-elles au maintien des « barrières » ou à leur enlèvement ?

L'analyse des trajectoires sociales

Dans plusieurs études sur la pauvreté, on a voulu octroyer la parole aux personnes pauvres elles-mêmes (Chambers, 1992 ; McAll et White, 1996) et accorder « valeur de réalité » à leur expérience, pour reprendre les termes de Robichaud *et al.* (1994:17). En effet, dans son étude sur l'Inde, Chambers met en garde contre la tentation de définir la pauvreté à la lumière de grilles de lecture importées ou d'imposer à une situation sa propre perception et compréhension du phénomène. Celle-ci doit être d'abord comprise à partir de la vision des personnes pauvres elles-mêmes et de leurs priorités. L'analyse doit ensuite intégrer les projets individuels, les stratégies de survie, les degrés de vulnérabilité, le niveau d'accès aux ressources publiques et la capacité de résister aux moments difficiles. En ce sens, il y a une « urgence d'écouter » les personnes vivant dans la pauvreté, puisque leurs témoignages, leurs récits de vie et leurs perceptions invitent à une compréhension de la pauvreté différente de celle qu'inspirent les grandes études statistiques et enquêtes épidémiologiques (Robichaud *et al.*, 1994:15-17). Leurs expériences renseignent autant sur les effets que sur les mécanismes qui en déterminent la production et la reproduction.

C'est de cette perspective que relève l'analyse des trajectoires sociales. Celle-ci permet non seulement de repérer les « profils » de pauvreté mais aussi d'identifier les facteurs menant à l'appauvrissement des populations, ainsi que les « barrières » les empêchant de réaliser les différents projets qu'ils peuvent avoir, y compris ceux de réintégrer le marché du travail et d'acquérir leur autonomie financière (McAll, 1996; McAll et White, 1996). En outre, les trajectoires étant constituées à partir d'un ensemble d'événements et d'actes, chaque reconstitution fait ressortir des moments clés du cheminement individuel où s'articulent des facteurs individuels et contextuels. Ces trajectoires présentent une diversité de projets, d'objectifs, de stratégies et de finalités, remettant en question la vision homogénéisante des populations vivant dans la pauvreté. Le recours à l'analyse des trajectoires peut ainsi nous renseigner sur les rapports sociaux à l'œuvre dans l'appauvrissement d'une partie de la population. Il permet de relativiser la définition de la pauvreté comme un « état » ou une « condition » et de la présenter comme le produit de rapports qui se mettent en place dans le quotidien.

Les entrevues

Cette recherche a porté, dans un premier temps, sur ce que nous avons appelé les « profils de la pauvreté au centre-ville ». Lors d'une recherche antérieure, nous avions rencontré des adultes avec enfants à charge qui cherchaient, par différents moyens, à avoir des conditions de vie décentes pour eux-mêmes et pour leurs enfants à travers des trajectoires marquées par un ensemble de barrières: conditions matérielles de vie difficiles, obligation de retourner aux études, problèmes de santé, discrimination. Une conclusion de cette recherche concernait le manque d'adéquation entre les programmes et interventions conçus pour venir en aide à ces populations et les obstacles auxquels celles-ci étaient confrontées. D'ailleurs, nous sommes arrivés à la conclusion que la Loi sur la sécurité du revenu de l'époque pouvait elle-même, dans certains cas, être un obstacle à la réalisation d'un projet de réinsertion au travail ou d'un projet qui visait à assurer le bien-être des enfants (McAll et White, 1996).

Dans la présente recherche, nous avons voulu aller plus loin pour « penser » le rapport entre ce que vivent les populations (en termes de leurs trajectoires de vie et de la réalisation de projets de différentes sortes par le biais desquelles elles cherchent à améliorer leur situation) et ce que visent les différents acteurs qui interviennent auprès d'elles. Y a-t-il convergence ou divergence entre ces différents types d'action ? Comment repenser l'intervention ou l'action pour qu'elle vienne soutenir les projets que les personnes elles-mêmes cherchent à réaliser, plutôt que leur imposer des projets (ou des parcours) qui peuvent parfois finir par constituer de nouvelles barrières ?

C'est dans cette perspective que nous avons procédé à quatre séries d'entrevues, réalisées auprès de quatre catégories d'acteurs définies en termes des types de rapports qu'elles entretiennent avec l'expérience de la pauvreté : 16 responsables d'organismes publics et communautaires œuvrant sur le territoire du centre-ville, 15 intervenants cliniciens du CLSC des Faubourgs, 8 intervenants en organisation communautaire de cette même institution et 42 résidants du Complexe les Riverains.

Les entrevues avec les informateurs clés — œuvrant dans les champs de l'aide sociale et de l'emploi, de la santé et des services sociaux, du logement social, du maintien de l'ordre, de la défense des locataires, des loisirs et des services aux familles — étaient centrées sur leurs actions au centre-ville en général et dans le Complexe les Riverains en particulier. Elles portaient sur les interventions actuelles, le bilan des interventions et les pistes d'action pour le futur. Dans le cas des intervenants en intervention individuelle, on a utilisé la méthode de la reconstruction des dernières interventions terminées juste avant l'entrevue. L'avantage de cette méthode est de faciliter le contrôle des généralisations et de permettre à l'intervenant de présenter les derniers cas rencontrés ainsi que les difficultés auxquelles il a été confronté.

Enfin, les organisateurs communautaires interrogés étaient invités à parler des projets dans lesquels ils sont impliqués en lien avec le problème de la pauvreté sur le territoire du CLSC.

Les entrevues effectuées auprès des résidants en HLM nous ont permis de dégager cinq profils distincts: celui de jeunes de 17 à 25 ans (sans enfants à charge); celui de femmes âgées de 26 à 49 ans avec enfants à charge; celui de personnes de moins de 65 ans dont le problème principal en est un de santé; celui de personnes âgées de 65 ans et plus; et, finalement, celui de personnes de moins de 65 ans n'entrant pas dans les catégories précédentes. Nous avons ainsi analysé les expériences de sept jeunes (17 à 25 ans), de dix-huit femmes avec enfants à charge, de neuf personnes de moins de 65 ans dont le problème principal est un problème de santé, de quatre personnes de plus de 65 ans et de quatre personnes avec des profils variés qui n'entrent pas dans les autres catégories.

La majorité des résidants rencontrés sont nés à l'extérieur du Canada (62 %). Les personnes nées au Canada sont particulièrement présentes cependant dans la catégorie des répondants de moins de 65 ans ayant un problème de santé (sept sur neuf). Trois des quatre personnes ayant des profils variés (et n'entrant pas dans les autres catégories) sont aussi d'origine canadienne. Chez les sept jeunes de 17 à 25 ans rencontrés, trois sont originaires des Antilles (république Dominicaine), deux de l'Amérique centrale et un du Vietnam. Tandis que quelques-unes des mères ayant des enfants à charge sont nées au Canada (trois sur dix-huit), les autres sont originaires des Antilles (république Dominicaine, Haïti), de l'Amérique centrale et de l'Amérique latine, de l'Asie du Sud-Est et du Pakistan. Parmi les 42 personnes rencontrées, 29 sont des femmes, soit une proportion de 69 %. Cet échantillon varié en termes d'origine reflète la composition de la population résidant au Complexe les Riverains.

Les entrevues avec les résidants ont porté sur les thèmes suivants: l'arrivée dans le Complexe et les conditions de logement; les avantages et les désavantages du fait d'habiter au centre-ville; les rapports avec d'autres résidants; les trajectoires de vie (comprenant conditions matérielles et projets). Pour répondre aux exigences de certains de nos partenaires qui ont jugé stigmatisant le terme «profils de pauvreté», nous avons, lors de la présentation de la recherche aux répondants, davantage insisté sur la finalité de la recherche qui est de contribuer à l'amélioration de la qualité de vie des résidants en HLM en indiquant, par exemple, des pistes d'action et d'intervention. Il faut dire que l'accès aux répondants n'a pas été facile dans un premier temps, le recours à l'échantillonnage à partir d'une lettre circulaire invitant une centaine de résidants choisis au hasard par les administrateurs du Complexe à entrer en contact avec nous ayant échoué. Ce n'est que par l'entremise de l'Association des locataires et d'intervenants du CLSC (deux partenaires de la recherche) que nous avons pu convaincre un nombre suffisant de répondants de nous rencontrer.

Une autre mise en garde concerne les entrevues elles-mêmes. Tandis que 27 entrevues sur 42 (64 %) ont été effectuées par des chercheurs de l'équipe, les quinze autres ont été réalisées par des intervenantes de l'Association des locataires (encadrées par les chercheurs). Bien que la plupart de ces dernières entrevues nous aient fourni des informations utiles et que, dans certains cas, elles soient tout aussi approfondies que dans la première catégorie (entrevues effectuées par les chercheurs), quelques-unes d'entre elles sont de nature plus superficielle. Deux entrevues ont par ailleurs été effectuées par l'entremise d'une interprète, mais la qualité des informations ne semble pas avoir été affectée, étant donné le rapport de confiance qui existait déjà entre l'interprète et les répondants.

Globalement, on s'est interrogé non seulement sur les stratégies d'intervention à développer vis-à-vis d'une population de plus en plus diversifiée sur le plan ethnique, mais aussi sur l'impact qu'avait sur ces populations le fait de vivre au centre-ville, lieu d'un déferlement quotidien de travailleurs de bureau, d'étudiants, de touristes, de banlieusards, de personnes sans-abri, de jeunes de la rue et parfois de manifestants, et où se succèdent des festivals de toutes sortes qui amènent leur lot de bruit et de dérangement. Quel est l'impact sur les personnes d'un tel contexte de vie? Quel est l'impact sur elles du fait de vivre dans un grand complexe d'habitations à loyer modique en plein centre-ville, complexe qui peut être perçu, de l'extérieur à tout le moins, comme un ghetto? S'agit-il d'un facteur supplémentaire de marginalisation?

La démarche analytique nous a permis de partir des perceptions externes et administratives du problème de la concentration spatiale de la pauvreté pour arriver aux perceptions plus ancrées dans les pratiques professionnelles et dans la vie quotidienne. Elle nous a aidés aussi à confronter ces différentes perceptions afin d'identifier les points de convergence et de divergence tout en tenant compte de la position, de la fonction et du rôle des diverses catégories interrogées. En dernier lieu, nous avons organisé, à la suite de l'analyse, plusieurs tables rondes regroupant 35 autres personnes des diverses catégories — résidants et intervenants — n'ayant pas participé préalablement aux entrevues. Cette étape traduit autant le désir de valider les résultats en les confrontant à d'autres expériences de terrain, que la volonté d'être fidèle au contenu et au sens du discours produit par des individus considérés avant tout comme des acteurs sociaux.

Comme nous l'avons déjà souligné, l'idée fondatrice de cette recherche a été qu'il existe des profils différents de la pauvreté et qu'il faut en tenir compte dans l'intervention. L'intervention sur la pauvreté est elle-même vue comme un tout complexe où se trouvent impliqués acteurs individuels et institutionnels. En entrant dans cet univers d'action qui est celui d'une population vivant en HLM au centre d'une grande région métropolitaine, il s'agit de mieux comprendre cette complexité et de pouvoir, le cas échéant, décrire des conditions propices à l'élaboration de modèles d'intervention capables de concilier les priorités des institutions publiques et parapubliques présentes sur le territoire et celles des répondants.

Dans les pages qui suivent, nous ferons état, dans un premier temps, du point de vue des représentants d'organismes dans les domaines de la santé et des services sociaux, de la police, de la sécurité du revenu et de l'habitation et de ce que vivent les intervenants rencontrés, qu'il s'agisse d'infirmières, de médecins, d'auxiliaires, de travailleurs sociaux ou d'organisateurs communautaires. Dans un deuxième temps, nous présenterons ce que vivent les résidants rencontrés à partir de leurs propres témoignages, qu'ils soient vieux ou jeunes, avec ou sans enfants, avec ou sans emploi, malades ou en santé, originaires du Québec ou d'ailleurs. La conclusion résumera les principaux constats découlant de ce matériel qui fait ressortir les multiples dimensions de la pauvreté mais aussi la multiplicité de ressources que possèdent les résidants et les intervenants.

Chapitre 2

Intervenir au centre-ville: les points de vue des responsables et des intervenants

---

Dans un premier temps, seize entrevues ont été réalisées avec des personnes provenant de différents organismes du centre-ville de Montréal et du Complexe les Riverains: cinq personnes du CLSC, une personne de l'organisme municipal responsable des HLM, deux personnes de la police du quartier, une personne responsable de la sécurité du revenu, deux administrateurs du Complexe les Riverains et cinq responsables d'organismes communautaires œuvrant à l'intérieur de ce complexe (dont l'Association des locataires, un regroupement de loisirs et un centre d'aide aux familles). Les entrevues ont porté sur les actions de chacun de ces organismes auprès de la population du Complexe les Riverains ou du centre-ville plus largement, le cas échéant.

Ces répondants présentent une diversité de points de vue sur la population auprès de laquelle ils interviennent. Certains font appel, par exemple, à différents facteurs dans la vie des individus comme ayant un effet déterminant sur ce que vivent ces derniers, tandis que d'autres soulignent davantage l'impact sur ces personnes des lois sur le logement social et la sécurité du revenu, ou de facteurs environnementaux, telle la pénurie d'emplois. Certaines catégories de la population — et notamment les immigrés — sont aussi perçues comme étant systématiquement exclues de la société. Sous-tendant le discours de chacun, il y a ainsi différents types d'explications qui cherchent à rendre compte de la situation. Ces explications varient selon la position de la personne qui parle, de ses fonctions et objectifs en termes d'action. En ce qui suit, nous traiterons ainsi des opinions exprimées et des informations fournies en fonction de ce positionnement des acteurs.

Les responsables d'organismes

Chez les responsables du Complexe les Riverains, on trouve une volonté marquée de faire plus que le simple entretien des bâtiments, ou de gérer et appliquer les règlements concernant le logement social. S'inscrivant dans le courant de «développement communautaire», on veut aider les locataires à sortir de la « mauvaise passe » dans laquelle ils se trouvent et qui les a obligés à faire appel au logement social, en les aidant notamment à améliorer leur qualité de vie par l'intégration sociale et économique. L'expérience passée des résidants peut les avoir amenés à un «découragement total» et à ne plus avoir le «goût de rien» ni de «but dans la vie». Pour les aider à s'en sortir, il faut qu'ils soient soutenus dans leurs tentatives de régler leurs problèmes person-nels et de se trouver un but, en même temps il faut chercher à changer la perception de cette population à l'extérieur, par la population locale et les acteurs institutionnels du centre-ville.

La principale stratégie adoptée par ces gestionnaires depuis quelques années est celle d'appuyer l'action communautaire en aidant les locataires à «se prendre en mains», à se regrouper, à trouver des solutions à «l'intérieur des gens», pour qu'ils prennent conscience «de toutes les forces qu'ils ont à l'intérieur d'eux-mêmes». Il faut rendre les locataires «actifs» autour de certains enjeux collectifs comme le problème des itinérants dans les édifices ou l'intérêt des familles à faire des achats collectifs. C'est ainsi qu'on a appuyé l'action de plusieurs organismes en fournissant des locaux et des ressources et en les associant comme partenaires. Un des problèmes rencontrés est celui du manque de relève parmi les responsables de ces organismes. On considère de plus que les gens devraient s'intégrer davantage dans le quartier.

Si la responsabilisation des locataires quant à l'amélioration de leurs propres conditions de vie et de logement — par le biais de l'action col-lective — semble être la principale orientation sous-tendant les actions entreprises par ces gestionnaires, ils sont aussi conscients des effets per-vers des lois concernant le logement social et l'aide sociale. Les règle-ments concernant la sélection des locataires et le non-plafonnement du loyer — qu'ils sont obligés de mettre en application — ont comme conséquence de forcer les locataires à quitter le Complexe quand le fait d'avoir trouvé un emploi fait monter le loyer à un niveau supérieur à ce que vaut le logement (en termes du taux du marché). Le fait aussi d'obliger les jeunes de 18 à 25 ans qui travaillent à contribuer au loyer (ce qui a comme effet de faire augmenter ce dernier) est un autre facteur qui peut décourager les gens dans la recherche d'un emploi, inciter les jeunes à quitter le logement familial, ou faire en sorte qu'on cherche à cacher le fait qu'on travaille ou qu'il y a un jeune qui travaille à la maison. Une des conséquences de ces règlements est de favoriser l'émergence d'un climat malsain entre les locataires eux-mêmes, où l'on cherche à cacher à ses voisins (et aux administrateurs) la véritable situation des membres du ménage.

Les gestionnaires trouvent ainsi que les règlements qu'ils doivent eux-mêmes appliquer font partie du problème — un point de vue partagé par un gestionnaire de l'organisme municipal responsable des HLM rencontré en entrevue. Une des conséquences de ces règlements est d'empêcher la « mixité » de cette population, c'est-à-dire, une représentation plus « normale » des différentes catégories de ceux qui travaillent et de ceux qui ne travaillent pas. Si tout le monde est dans le même situation, cela peut avoir un effet désincitatif sur l'ensemble. Il n'y a pas de modèles alternatifs, pas suffisamment de personnes qui partent avec leur boîte à lunch le matin pour aller travailler, comme dans un quartier « normal ». De toute façon, on est de l'avis que les « gros plans » (complexes de HLM), ça ne marche pas, et qu'il faut revenir à des ensembles de taille plus réduite.

Les personnes doivent donc se « prendre en mains » (individuellement et par le biais de l'action collective) mais, en même temps, les contraintes imposées par les lois viennent contrecarrer les efforts de part et d'autre. Il y a eu aussi des coupures depuis quelques années qui ont fait en sorte de réduire les services qu'ils peuvent offrir à la population, ce qui ajoute, prétendument, à l'urgence de faire participer les locataires à la résolution des problèmes. Finalement, on reconnaît qu'il y a des problèmes avec la sécurité, l'itinérance et la drogue — même que l'itinérance, l'alcoolisme et la toxicomanie augmentent — mais on insiste pour dire que ces problèmes ne sont pas pire qu'ailleurs, qu'il ne faut pas les amplifier outre mesure, et que, grâce à la collaboration avec la police et les locataires, ils sont « bien contrôlés ».

En fait, la principale forme d'action proposée et favorisée par ces gestionnaires consiste en la collaboration des différents acteurs pour régler les problèmes. C'est ici que la contribution du CLSC est signalée, notamment, pour tout ce qui touche le maintien à domicile, mais aussi pour différentes initiatives telles le Projet emploi qui a donné beaucoup d'espoir et a eu un effet « boule de neige » en établissant des contacts entre les jeunes du Complexe et différents employeurs potentiels du centre-ville.

Cette nouvelle volonté des administrateurs d'appuyer la population dans ses tentatives de s'organiser collectivement et de se prendre en mains est perçue favorablement par les responsables des organismes communautaires que nous avons rencontrés. Selon une répondante, cette volonté se distingue nettement de la situation qui existait auparavant, où locataires et administrateurs étaient à couteaux tirés. Si l'Association des locataires — qui existe depuis 23 ans — a réussi par le passé à éviter un certain nombre de « catastrophes », avec la nouvelle administration, elle se croit en mesure de « commencer à construire » quelque chose de nouveau, en investissant davantage dans le « social ».

En plus des contraintes imposées par les lois (notamment la Loi du logement social) dont parlent abondamment ces responsables, ces organismes mettent beaucoup l'accent aussi sur les conditions matérielles des populations. Il y a, par exemple, des personnes âgées qui n'arrivent plus avec ce qu'elles doivent dépenser pour les médicaments, ou qui arrêtent de les prendre tout simplement. On doit aussi payer maintenant pour certains services à domicile, services qui étaient gratuits auparavant. Il y a également les jeunes qui n'ont pas les moyens de bien s'habiller et qui se laissent tenter par la vente de drogues pour s'acheter des baskets ou des vêtements. On craint aussi une hausse éventuelle des loyers qui aurait comme effet de diminuer davantage l'argent disponible pour les autres dépenses comme la nourriture. Déjà, on a augmenté les dépenses des locataires en ne fournissant plus un poêle et un frigidaire avec l'appartement et en chargeant pour l'utilisation des laveuses/sécheuses installées dans les sous-sols.

L'action de ces groupes touche prioritairement les conditions de vie au Complexe les Riverains (par exemple, le problème de la sécurité, la préparation de paniers de Noël, ou l'organisation d'activités de nature sociale et de loisirs). On est aussi impliqué dans des regroupements de nature plus «politique» qui visent à protéger le logement social, en particulier le Complexe lui-même dont se retirerait le gouvernement fédéral (qui assume 75 % du financement) en 2009. On s'inquiète notamment de l'empiètement d'une université à proximité et de la disparition progressive d'un ensemble de services qui existaient auparavant dans les environs immédiats: banques, pharmacies, épiceries.

Il y a une convergence évidente entre ce que visent ces organismes (se prendre en mains, favoriser la qualité de vie, améliorer le bien-être, dans le cas de l'Association des locataires, par exemple) et les objectifs des administrateurs eux-mêmes. En même temps, on fait part d'un manque de participation et de bénévoles et, surtout, de la difficulté de recruter une relève, notamment en ce qui concerne l'implication des résidants d'origine immigrée. On se plaint également de la précarité de ces organismes sur le plan financier, ainsi que d'un certain tiraillement entre eux sur le plan des services offerts.

Tous les responsables d'organismes ne partagent pas nécessairement la même vision des résidants, une répondante se référant à la «mentalité de pauvres», qui fait en sorte que les gens ne «veulent pas bouger», pour expliquer la non-participation. D'autres parlent plus positivement des résidants et de leur attachement au Complexe. Il y aurait des familles immigrées qui auraient développé le même sentiment d'appartenance que les Québécois «de souche» et qui ne veulent plus partir; un nouveau rapprochement entre les deux groupes, tout ceci dans un contexte où il y a une nouvelle identité qui se développe chez la population du centre-ville.

Les perceptions des différents responsables du CLSC dépendent des fonctions exercées et des services dont il est question. Les différents programmes destinés aux familles et à la petite enfance s'appliquent de la même façon à l'ensemble du territoire — on ne fait pas de distinction entre les familles demeurant au Complexe les Riverains et les familles demeurant ailleurs sur le territoire du CLSC. Ces programmes ont comme objectif de «corriger, alléger ou modifier les problématiques» des jeunes de 0 à 12 ans et de leurs parents, en fournissant une aide pour mieux assurer le développement des enfants. L'intervention pendant la grossesse et après la naissance de l'enfant vise à fournir un soutien à la mère ainsi qu'une aide en termes de suppléments nutritifs. On veut combattre l'isolement et « transmettre des valeurs éducatives », tout en aidant les parents à « résoudre leurs propres problèmes pour qu'ils soient ensuite capables de transmettre de l'affection aux enfants ». La prémisse de ces interventions est que les parents (et notamment les mères seules) vivant avec un revenu en dessous du seuil de la pauvreté ne sont pas en mesure d'assurer des conditions de vie acceptables à leurs enfants ni, dans certains cas, un encadrement adéquat. L'intervention auprès de la mère va ainsi de pair avec les interventions en milieu scolaire qui visent, par exemple, à réduire les comportements violents chez les enfants. On juge à la fois positifs les taux de participation (fondée sur le volontariat) et les résultats de l'intervention. En même temps, on a de la difficulté à rejoindre et à recruter les familles les plus démunies ainsi qu'à réussir les interventions auprès des personnes immigrées, étant donné la barrière de langue, la différence de valeurs et, parfois, les préjugés des intervenants.

Les intervenants du CLSC sont aussi fortement impliqués auprès des personnes ayant des problèmes d'autonomie physique ou cognitive qui demeurent au Complexe — les services du Maintien à domicile rejoignant 40 % des personnes âgées. Ces services sont fournis gratuitement. En termes de bilan, on considère nécessaire de développer davantage les services offerts à la population dans le cas de personnes avec perte d'autonomie cognitive. Globalement, les interventions en organisation communautaire du CLSC se situent dans le cadre de la lutte à la pauvreté et ont comme objectif d'aider les résidants à s'organiser en appuyant les actions collectives (à l'instar des administrateurs du Complexe) et en « regroupant les forces ».

L'ex-directeur général et les deux autres informateurs de l'ancien CLSC Centre-Ville (maintenant CLSC des Faubourgs) s'interrogent plus largement sur le rôle du CLSC face à la population vivant dans la pauvreté au centre-ville, et notamment au Complexe les Riverains. C'est cet ancien CLSC qui a pris la décision de consacrer davantage de ressources au Complexe comme tel. Ils font ressortir les mêmes contraintes imposées par les lois que les autres répondants, tout en soulignant que les intervenants du CLSC ne peuvent intervenir sur le problème de la pauvreté, qui a des causes structurelles qui les dépassent très largement. En même temps, il y a des initiatives innovatrices qui ont porté des fruits — comme le Projet emploi.

Selon eux, le rôle que doivent jouer les intervenants du CLSC n'est pas toujours clair cependant, entre autres parce que les problèmes auxquels ils font face ont des causes profondes. Quelle stratégie adopter face à ces problèmes? Faut-il favoriser la déconcentration des résidants du Complexe en renforçant les liens avec l'extérieur ou, au contraire, renforcer le Complexe en tant que communauté et la prise en charge par le milieu? Un des problèmes à cet égard est que les immigrants sont très branchés sur l'extérieur du quartier. Ils se demandent si le CLSC aurait dû nommer une personne responsable de la liaison entre la population du Complexe les Riverains et le CLSC comme tel et s'inquiètent du rôle que des intervenants du CLSC sont parfois appelés à jouer dans la vie communautaire à l'intérieur de cet ensemble de HLM et qui peut les associer de trop près à des rapports conflictuels. Un des problèmes principaux, selon un de ces répondants, est la coupure de ce complexe de la « trame urbaine ». Il faudrait recréer cette trame en profitant des espaces disponibles, pour que la communauté fasse davantage « partie » du centre-ville. Pour l'instant, il s'agit d'une population présentant des problèmes multiples, où il n'y a pas assez de « mixité » — population qui est coupée physiquement de son environnement immédiat et qui est composée de plus en plus d'immigrants subissant une exclusion vis-à-vis de la société québécoise.

La personne ayant une responsabilité pour l'administration de la sécurité du revenu dans le quartier fait part du mandat de son organisme — aider les personnes à sortir de l'aide sociale quand ils sont aptes au travail et fournir une assistance de dernier recours en attendant. Elle souligne que son organisme privilégie ceux qui sont les plus en mesure de trouver du travail compte tenu de leur expérience récente et de leur formation. Ceux qui ont été plus longtemps à l'aide sociale ne retournent au travail qu'avec difficulté et donc sont moins ciblés par l'intervention. Elle reconnaît, par ailleurs, qu'il n'est pas possible d'assumer des responsabilités familiales avec le revenu d'un travail au salaire minimum. Son organisme n'avait pas, en 1997, un plan d'intervention particulier pour les résidants du Complexe les Riverains, et ne tenait compte de la spécificité du centre-ville qu'en rapport avec l'intervention auprès des itinérants (ces derniers n'ayant pas d'adresse pour l'envoi de chèques).

Finalement, le responsable et un agent de la police du quartier ont également accepté de nous rencontrer. Pour la police, même si le centre-ville est le secteur le plus «chaud» de toute la région montréalaise, le Complexe les Riverains comme tel ne présente pas un taux de criminalité plus élevé que les autres parties du secteur. Ceci étant dit, le responsable considère que la criminalité pourrait s'y développer davantage, mais que, à l'heure actuelle, la situation est sous contrôle, grâce notamment aux administrateurs du Complexe. Un seul problème: le «mur de silence» et la non-coopération rencontrée par les policiers quand ils essaient de mener enquête sur les terrains du Complexe, tout particulièrement auprès des populations immigrées. Ce «mur» est associé à la barrière de la langue, mais aussi à l'expérience passée de ces personnes qui viennent souvent d'États policiers.

Les intervenants cliniques du CLSC

Deux groupes d'intervenants du CLSC ont été rencontrés dans le cadre de ce projet, dont quinze personnes qui interviennent dans le domaine de l'individuel et huit personnes œuvrant, pour la plupart, en organisation communautaire. Dans cette section, nous ferons la synthèse des opinions exprimées par les quinze intervenants dans le domaine de l'individuel, dont six du programme Enfance-Famille, cinq du Maintien à domicile, et quatre des Services courants. Parmi les personnes rencontrées, on retrouve des auxiliaires familiales et sociales, des infirmières, des travailleurs sociaux, deux médecins et deux autres professionnels. À la différence de plusieurs responsables d'organismes, tous les intervenants rencontrés ont un contact quotidien avec des personnes vivant dans la pauvreté. Ils parlent non seulement des contraintes et obstacles auxquels ces personnes sont confrontées, mais également de leurs propres problèmes en tant qu'intervenants. Leurs interventions se déroulent autant au Complexe les Riverains que dans la partie est du territoire du CLSC.

La plupart de ces intervenants avouent être largement dépassés par le phénomène de la pauvreté à Montréal. Certains interviennent dans ce milieu depuis une vingtaine d'années et disent ne pas avoir vu autant de problèmes auparavant. Il peut s'agir de l'augmentation de l'itinérance ou du fait que, dans une famille, on peut retrouver maintenant une multi-plicité de problèmes reliés à la santé mentale, la violence et le manque de moyens, là où auparavant il n'y avait souvent qu'un problème principal à régler. Plusieurs jettent un regard très dur sur les conditions de vie au centre-ville, le manque d'arbres, l'absence de « nature », le béton, le « *no man's land* » où il ne resterait personne les soirs et les fins de semaine — contrairement à la banlieue où il y a des « communautés qui existent » après la journée du travail. Il y aurait ainsi, au centre-ville, pas de senti-ment d'appartenance, pas de vie de quartier.

C'est dans ce « *no man's land* » que le Complexe les Riverains paraît à une intervenante comme « inhumain », un « monstre », un « ghetto » où « tout le monde est sur la sécurité du revenu ». D'autres le voient comme une « jungle », un « milieu fermé » qui est difficile à pénétrer, une forme d'« isoloir » plutôt qu'une « communauté » dans le sens plein du terme, un endroit où l'on retrouve « toutes les ethnies » et qui est marqué par le « choc des cultures ». Dans ce « lieu de chômage et de pau-vreté » vit une population « oisive » composée de personnes démunies dont les comportements sont « presque homogènes » — personne ne met en question les mœurs et les valeurs, chacun « renvoie à l'autre sa propre image ». Selon ce point de vue, le Complexe serait un « ghetto malsain » où les gens « refusent de se prendre en mains ». D'autres met-tent l'accent sur « ce qu'il y a autour » — ce ne sont pas juste les per-sonnes qui sont responsables. D'ailleurs, une infirmière s'insurge contre cette vision négative. Vivre en HLM contribue au mieux-être physique des personnes en leur donnant une marge de manœuvre sur le plan financier qu'ils n'auraient pas sur le marché privé.

Par rapport à leur expérience d'intervention sur l'ensemble du ter-ritoire du centre-ville, la question de la pauvreté revient constamment — une pauvreté surtout matérielle, mais aussi au niveau de l'isolement des gens, pauvreté qu'on qualifie de « relationnelle ». Sur le plan matériel, on se trouve confronté à une précarité économique croissante — qu'il s'agisse d'itinérants, d'étudiants, de femmes chefs d'une famille monoparentale, de personnes âgées, de ressortissants du quartier chi-nois, de familles immigrantes ou de personnes avec des problèmes de santé mentale (lesquelles seraient de plus en plus nombreuses dans le quartier). Même ceux qui travaillent à bas salaire et qui reçoivent un supplément de l'aide sociale ne sortent pas de la pauvreté pour autant.

Comme un indice de cette pauvreté croissante, une répondante signale le fait qu'il y a de plus en plus de gens qui ne peuvent plus se payer un téléphone, surtout depuis un an; il y en a d'autres qui ne peuvent acheter des bottes d'hiver pour les enfants. Beaucoup de ces personnes se trouvent dans une situation de survie tout simplement, et vivent « au jour le jour ». Même s'il y a eu certaines améliorations dans les conditions de logement, il reste qu'il y a des chambreurs vivant dans des conditions inacceptables (en dehors des HLM). On voit dans cette pauvreté l'impact du contexte économique, qui expliquerait le nombre croissant d'itinérants au centre-ville. Certains étudiants aussi se trouvent dans une situation économique stressante, étant dans l'obligation de combiner travail et études. Du côté « relationnel », les intervenants en Maintien à domicile s'étonnent du degré d'isolement qui frappe beaucoup de personnes âgées, où parfois la visite de l'intervenante est un des seuls moments où la personne a des contacts avec quelqu'un d'autre.

Pendant que les interventions auprès des personnes âgées visent à les maintenir le plus longtemps possible dans leur milieu habituel, les intervenants du programme Enfance-Famille cherchent à rendre les jeunes mères plus aptes à prendre soin de leurs enfants. Certains les perçoivent comme ayant fait le choix de la facilité en devenant enceinte et en restant à l'aide sociale comme leurs parents. D'autres les considèrent, malgré tout, « archi-dévouées » à leurs enfants mais, en même temps, confrontées à des obstacles quasiment insurmontables quotidiennement pour assurer leur survie. On parle de jeunes mères épuisées, déprimées, au bout de leurs forces, parfois incapables de se contrôler vis-à-vis de leurs enfants. Un intervenant semble expliquer ces comportements par la personnalité de ces femmes : elles seraient « pas fines, fines, ça crie après leurs enfants ». Une autre juge qu'au moins 70 % de cette clientèle est à risque en raison de la pauvreté, la santé mentale, la toxicomanie, la violence du conjoint. Dans certains cas, il s'agirait de femmes qui ont elles-mêmes connu une jeunesse difficile. Face à tous ces problèmes, les programmes d'assistance publique et l'action des organismes communautaires ne seraient que des « béquilles ».

Un des répondants considère qu'il n'y a plus rien à faire pour sortir les adultes de la pauvreté ou changer leur façon de vivre. Il faudrait concentrer les interventions sur les enfants pour s'assurer qu'au moins eux connaissent autre chose. Les familles immigrantes poseraient moins de problème à cet égard, les adultes étant plus débrouillards, moins «écrasés». C'est chez les familles de «souche», où il y a eu plusieurs générations à l'aide sociale, que certains intervenants trouvent le découragement, le sentiment d'abandon, la «perte d'espoir». Il n'y a pas juste une pauvreté «culturelle» (en termes de la capacité d'encadrer les enfants) mais aussi une pauvreté qualifiée par un intervenant comme «psychosociale», relevant d'un manque de ressources personnelles et d'ambition. Paradoxalement, une intervenante considère que c'est plus facile d'intervenir auprès des «familles québécoises de souche» (même s'il y a davantage de familles ethnoculturelles qui réussissent à s'en sortir) en raison, entre autres, de l'absence de la barrière linguistique.

D'autres répondants ont un point de vue plus positif sur les capacités des gens, les considérant davantage sous l'angle de leurs potentialités. D'ailleurs, selon eux, toutes les interventions visent à aider les personnes à s'en sortir. En même temps, ils font face à beaucoup de frustrations et de manques: à un gouvernement qui «juge» et qui «censure» mais qui n'appuie pas les personnes; à une pénurie d'organismes communautaires — surtout autour du Complexe les Riverains — vers lesquels ils pourraient diriger les personnes; à la présence importante d'individus avec des problèmes de santé mentale qui sont largement laissés à eux-mêmes.

En somme, différentes visions se rencontrent chez ces intervenants. Il y a ce qu'on peut appeler une position contextuelle qui met l'accent sur les obstacles et contraintes auxquels sont confrontées les personnes — y compris par le biais des programmes d'assistance publique, d'assurance-médicaments et la gestion des logements sociaux. Insister trop sur la performance et l'autonomie individuelle sans tenir compte de ces barrières peut, selon eux, augmenter le stress et l'insécurité. Mais il y a aussi une position normative qui consiste à tenir les personnes responsables d'abord: elles sont «dysfonctionnelles», incompétentes (en tant que parents), dépendantes; elles «ne savent rien», ont des droits «sans responsabilités» et «zéro conscience sociale»; elles «ne bougent pas» et n'ont pas de projets. Dans les mots d'une des personnes rencontrées : « je me demande si à l'intérieur ils ont même cette conception qu'ils pourraient faire autre chose ». On retrouve parfois ces deux positions — la position contextuelle et la position normative — chez le même intervenant.

En termes d'action, ces intervenants aimeraient pouvoir accorder plus de temps aux gens afin de les soutenir dans le développement de leurs propres réseaux d'entraide, les aider à s'en sortir, à « trouver leurs propres solutions », « découvrir qui elles sont », « développer leurs possibilités ». Une intervenante aimerait même aller plus loin pour « repenser à tout l'aspect social de cette problématique-là », pour travailler au « niveau social » et non pas juste au niveau « individuel ». Le manque d'effectifs, cependant, et l'organisation hiérarchique du travail constituent une barrière. Ils essaient d'établir des rapports de confiance avec les clients, mais se considèrent surchargés par le travail et incapables de répondre aux besoins.

Ils doivent souvent créer une marge de manœuvre autour de leurs tâches, des pratiques « silencieuses » ou « parallèles », leur permettant d'aller un peu plus loin, en accordant par exemple plus de temps qu'ils ne devraient pour aider une famille à régler ses problèmes. Une auxiliaire se plaint de ce que ce côté plus humain ou relationnel de leur travail — la création de liens — n'est pas reconnu, même s'il s'agit, selon elle, de la partie la plus importante. Les bureaucrates lointains ne perçoivent pas cet aspect de la tâche, ne voyant le travail des auxiliaires familiales et sociales que comme un travail technique d'entretien ménager qui serait mieux fait par des entreprises relevant du secteur communautaire. En même temps, la « rigidité » de la division du travail empêche les intervenants d'échanger avec leurs collègues et de développer une approche plus collective.

Les organisateurs communautaires du CLSC

Tous les organisateurs communautaires du CLSC sauf un, soit huit personnes, ont été rencontrés en entrevue[1]. Les entrevues ont porté sur la

---

1. Ces personnes font partie des équipes multidisciplinaires des différents programmes du CLSC, soit Enfance-Famille (2); services courants, jeunesse (1); services courants, adultes (1); personnes âgées, maintien à domicile (1); et les programmes spécifiques (3).

perception qu'ont ces intervenants de la pauvreté au centre-ville ainsi que sur les stratégies d'intervention développées et les obstacles rencontrés.

En ce qui concerne les stratégies d'intervention, les pratiques de ces intervenants ont à la fois une dimension individuelle et une dimension collective. La plupart des projets décrits concernent le soutien apporté par l'intervenant à l'action collective. Il peut s'agir de la participation à la mise sur pied d'un organisme communautaire, d'une contribution au fonctionnement d'un tel organisme qui existe déjà mais qui connaît certaines difficultés, ou de la présence de l'intervenant à une table de concertation. Dans certains cas, l'action collective prend davantage la forme d'un comité *ad hoc* ou d'un groupe de pression plutôt que celle d'un organisme comme tel. Si la raison d'être de ces différentes formes d'action est de soutenir l'action collective qui vise à améliorer les conditions de vie des populations vivant dans la pauvreté, l'intervention elle-même semble se faire la plupart du temps individuellement. Cette façon de travailler aurait tendance à renforcer l'isolement des intervenants dans leur action vis-à-vis des autres intervenants, isolement qui est vécu, selon certains, comme un obstacle au développement d'une stratégie d'ensemble.

Par le biais de ces différentes actions, les intervenants visent surtout à agir sur la pauvreté en soutenant les organismes qui la combattent et en «redonnant» du pouvoir aux personnes concernées. Étant donné leurs revenus insuffisants qui les empêchent de satisfaire leurs besoins de base, ces populations n'arrivent pas à «exercer leur citoyenneté», ni à «réaliser leur potentiel humain» tout en ayant des problèmes de santé qui découlent de leurs conditions matérielles de vie. En gros, on fait la distinction entre plusieurs types de pauvreté: la pauvreté qui caractérise les populations qui travaillent, mais avec un revenu insuffisant; la pauvreté de ceux qui ne travaillent pas (ayant perdu leur emploi, ou n'étant pas en mesure de se résinsérer sur le marché du travail) et pour lesquels le soutien fourni par l'État est insuffisant; et la pauvreté de ceux qui sont «dans la rue» et qui sont complètement démunis, qu'il s'agisse d'itinérants ou de «jeunes de la rue». On parle aussi de la pauvreté «environnementale» du centre-ville, ce qui comprend, entre autres, l'insalubrité, la faiblesse des réseaux, le manque de services et la présence de «marginaux».

La cause principale de cette pauvreté serait, selon les répondants, la non-disponibilité d'emplois avec un revenu adéquat qui pourrait permettre à ces populations de subvenir à leurs propres besoins tout en retrouvant une certaine dignité. Étant donné leur situation, elles ont aussi des «faiblesses» en termes de formation, de réseaux et de conditions de santé qui rendent difficile l'accès aux emplois existants. Certains facteurs contextuels contribuent aussi à les appauvrir davantage, tels le coût de la vie au centre-ville, les montants supplémentaires qu'il faut débourser pour les médicaments et le fait, pour les personnes âgées notamment, que certains services à domicile ne sont plus gratuits. La pauvreté rend ainsi plus difficile la mise en œuvre de stratégies pour s'en sortir, donnant lieu au repli sur soi, à la détresse psychologique et à la marginalité, quand il ne s'agit pas de comportements «déviants».

C'est en fonction de cette lecture de la situation qu'on cherche à agir pour aider les gens à se donner les moyens nécessaires pour s'en sortir. Dans la plupart des cas, on participe avec d'autres dans l'organisation de services à l'égard d'une catégorie particulière de la population, mais parfois il peut s'agir de cette catégorie elle-même qui s'organise et qui a besoin d'un soutien. Dans certains cas, la participation des personnes visées ne pose pas de problème, comme avec la mise sur pied d'un centre de soir pour personnes en détresse psychologique qui ressentent le besoin de venir échanger avec d'autres. Dans d'autres cas cependant, c'est plus problématique. Les jeunes de la rue, par exemple, sont jugés particulièrement difficiles d'approche et «carencés», tandis que les jeunes de familles immigrées peuvent être marqués par la situation de leur famille et découragés par la stigmatisation et la marginalisation, abandonnant tout espoir de «réaliser leurs rêves». On constate, en fait, une diversité de profils en termes de la capacité de se prendre en charge chez les différentes catégories, avec, à un extrême, des itinérants et, à l'autre, certaines femmes d'origine latino-américaine qui, selon un des répondants, sont très débrouillardes sur le plan de l'action collective et qui ne demandent que des outils de développement pour agir.

Une multiplicité d'actions sont décrites par ces intervenants dans ce qu'un parmi eux décrit comme une «guerre à la pauvreté». Ces actions varient selon le programme et la population visée. En Enfance-Famille, par exemple, on réalise des projets d'intervention auprès des jeunes mères (Naître égaux et grandir en santé, OLO) et on participe à la mise sur pied de projets comme celui d'un répit pour les parents, tout en étant membre d'une table de concertation sur les enfants en bas âge. Une autre répondante intervient dans huit organismes différents du quartier, apportant une aide particulière selon les besoins de l'organisme. Ses champs d'intervention comprennent le développement d'organismes sans but lucratif dans le domaine du logement pour des personnes en difficulté en raison de l'alcoolisme, la toxicomanie ou la maladie mentale, et la mise sur pied du centre de soir mentionné précédemment pour des personnes en détresse psychologique. Cette même intervenante participe à la levée de fonds pour les enfants du quartier et souhaite mettre sur pied une banque de médicaments pour ceux qui ne sont plus capables de se les payer. À travers ces différents types d'implication, elle se veut un « agent de changement ».

Un autre intervenant est pleinement impliqué dans la « nouvelle économie sociale », donnant suite au mandat qu'a reçu le CLSC de développer des entreprises communautaires dans le domaine de l'entretien ménager. On cherche à la fois à rendre l'entreprise rentable, tout en fournissant des services accessibles aux personnes qui en ont besoin et des conditions d'emploi acceptables pour des personnes sans emploi du quartier. Une autre entreprise du même genre, qui fait aménager des logements pour les personnes âgées par des jeunes sans emploi, a fait appel aux services de cet intervenant pour une aide en termes de restructuration.

Plusieurs projets portent spécifiquement sur le Complexe les Riverains, visant notamment l'accès à l'emploi pour les jeunes, la création d'un local pour les adolescents, la mise sur pied de services pour les familles et le soutien à l'action communautaire plus largement. Dans toutes ces actions, on vise « l'appropriation des pouvoirs » par une approche « globale » et participative. Pour l'intervenant responsable du projet emploi, l'accès à l'emploi reste la seule véritable porte de sortie, et même un emploi au salaire minimum peut donner de l'estime de soi et de la confiance à quelqu'un qui est présentement sans emploi, tout en servant, peut-être, de tremplin pour aller plus loin. Ce projet a rejoint un nombre considérable de jeunes (et de moins jeunes) et a débouché sur l'embauche d'une vingtaine de résidants dans un nouveau complexe de cinéma. L'intervention auprès des jeunes a aussi débouché sur l'aménagement d'un local qui est très fréquenté, tandis qu'un sondage effectué auprès des familles a conduit à la création d'un centre d'entraide à l'intention de ces dernières. Finalement, un autre intervenant collabore avec les organismes communautaires sur place (au Complexe les Riverains) pour soutenir leur action, en particulier par la mise sur pied d'un groupe de réflexion.

Les intervenants sont non seulement directement impliqués dans l'action « sur le terrain », mais participent aussi à une variété de tables de concertation dans le quartier. Ils font aussi du « lobbying », comme dans le cas du Projet emploi, auprès des différentes autorités et élus ou auprès des employeurs du centre-ville. Ils s'étonnent d'ailleurs du manque d'empressement des autorités municipales pour répondre aux besoins des populations dans les secteurs défavorisés du centre-ville, un intervenant parlant des « lourdeurs bureaucratiques » de la Ville de Montréal à cet égard.

Même s'ils parlent d'une « guerre à la pauvreté », ces intervenants ont des sentiments partagés quant à la possibilité réelle de « sortir les gens de la pauvreté ». Selon un d'entre eux, on ne peut gagner une telle guerre si la volonté politique n'est pas là ; on ne peut faire que de « petites actions » pour « améliorer le quotidien ». Si ces interventions ont du succès dans certains cas — en termes de fréquentation ou de taux de participation, par exemple — dans d'autres, elles rencontrent des obstacles. Les populations peuvent être difficiles à rejoindre et les interventions très « lourdes » — auprès des jeunes de la rue, par exemple. Dans plusieurs organismes, il y a aussi un problème de relève et surtout d'une relève de jeunes, les personnes impliquées étant au bord de l'épuisement et du *burnout*. Mais les problèmes associés à l'intervention communautaire se posent surtout au niveau de l'environnement politique et institutionnel. Étant donné le manque de volonté politique de lutter contre la pauvreté, les actions paraissent souvent limitées et provisoires aux répondants ; plutôt que de pouvoir apporter des solutions aux problèmes de fond, ils ne font que du « dépannage », étant condamnés à un « éternel recommencement ».

Si les intervenants sont confrontés au manque de ressources humaines et financières qui traverse le secteur communautaire, ils s'interrogent aussi sur les mandats qui leur sont donnés. Dans le domaine des entreprises communautaires de services, par exemple, l'État (à travers la Régie régionale) établit certains objectifs — en termes d'accessibilité, de rentabilité et de conditions d'emploi — qui ne sont pas nécessairement conciliables. On s'inquiète du fait que certaines personnes doivent maintenant payer pour des services qu'elles recevaient auparavant gratuitement du CLSC. Plusieurs répondants aimeraient aussi avoir un appui plus fort de la direction du CLSC et que le CLSC prenne position plus clairement par rapport au problème de la pauvreté tout en s'engageant comme un «facteur de changement» dans le milieu. Ce «manque de soutien institutionnel» serait dû en partie à la priorité accordée par la Régie régionale aux services curatifs et au virage ambulatoire. Mais, en même temps, il y a des CLSC qui «croient» au communautaire et d'autres qui n'y croient pas et, à cet égard, on a l'impression de bénéficier d'une confiance limitée de la part de la direction, d'être confronté à la «rationalité froide» des coupures. Les répondants se plaignent aussi de la surcharge de dossiers et de la bureaucratisation croissante qui les oblige à passer de plus en plus de leur temps dans la «paperasse» et de moins en moins de temps sur le terrain. Ils n'ont plus le temps pour lire ou réfléchir correctement à ce qu'ils font et ont peu de possibilités d'échanger avec leurs collègues et de penser leur action autrement que sur une base individuelle.

Si les rapports (ou l'absence de rapports) à l'intérieur du CLSC peuvent constituer un obstacle, les rapports entre le CLSC en tant qu'institution et les organismes communautaires ne sont pas toujours faciles et plusieurs se voient confrontés à de la méfiance et du cynisme en raison d'interventions passées qui ont été mal perçues par une partie de la population visée. Ces méfiances «hanteraient» toujours les interventions au Complexe les Riverains, où il y a eu une «crise» à cet égard dans les années 1980. Les interventions récentes, cependant, ont permis une «baisse de tension» et une réelle concertation autour de l'emploi, de la situation des jeunes et des services aux familles. En même temps, il y a des difficultés et de la méfiance qui demeurent — difficultés dont la direction du CLSC ne tient pas suffisamment compte en exigeant de la «performance» de la part de ses intervenants.

Le portrait global qui ressort de ces entrevues est ainsi une catégorie d'intervenants qui veut surtout aider les gens démunis à «se prendre en charge» pour sortir de la pauvreté. Ces mêmes intervenants, cependant, se sentent aussi démunis en termes de soutien institutionnel, de ressources et de temps. Il leur manque d'abord du temps à consacrer aux gens eux-mêmes, mais aussi du temps pour réfléchir, pour lire, pour participer à des activités de formation, pour échanger avec d'autres intervenants et surtout pour se donner un plan d'intervention collectif face à la pauvreté — plan fondé sur une meilleure connaissance de la population et de ses besoins.

Chapitre 3

Vivre en HLM au centre-ville :
les points de vue de résidants

L'arrivée au Complexe les Riverains et les conditions de logement

Situé au centre-ville de Montréal, le Complexe les Riverains est l'un des plus anciens et des plus importants ensembles d'habitations à loyer modique au Québec. On s'interroge souvent sur le bien-fondé d'avoir favorisé une telle concentration de familles ou de ménages à bas revenu et ceci, de surcroît, dans un environnement qui a toutes les caractéristiques des grands centres urbains. Certains répondants ont parlé de la perception que des gens de l'extérieur semblent avoir de ce complexe, selon laquelle c'est un « ghetto ». Ces perceptions et interrogations soulèvent la question de la perception des résidants eux-mêmes. Se considèrent-ils défavorisés ou « ghettoïsés » en demeurant dans ce complexe d'habitation ? S'agit-il d'un obstacle supplémentaire dans des trajectoires de vie où plusieurs obstacles ont dû être surmontés ou persistent toujours dans l'expérience des gens ?

Le premier constat qui émerge des témoignages recueillis est que l'arrivée au Complexe les Riverains et l'expérience subséquente en termes de conditions de logement ont tout un sens en comparaison avec ce que les répondants ont vécu antérieurement sur le marché privé. À l'exception de quelques répondantes qui ont dû quitter de « beaux quartiers » ou une maison unifamiliale à la suite d'une séparation, la plupart des répondants ont connu des expériences difficiles sur le marché privé du logement. Il s'agit souvent de personnes travaillant à bas revenu avec enfants à charge qui n'arrivaient pas à se payer un logement adéquat sur ce marché. Les entrevues abondent de références à des problèmes d'humidité, de moisissure, d'infestation par des coquerelles ou des rats, de chauffage inadéquat, de manque d'entretien. Mis à part les conditions comme telles et le peu de réparations effectuées par les propriétaires, les répondants se trouvaient souvent dans des conditions qui se dégradaient, avec manque d'espace pour les enfants et endettement envers Hydro-Québec. L'arrivée à l'aide sociale après la perte d'un emploi ou la naissance d'un enfant avait rendu pour beaucoup encore plus difficile le maintien de conditions de logement acceptables sur le marché privé.

Pour des raisons de santé et par nécessité économique, l'accès à un HLM était devenu ainsi prioritaire. Pour la plupart des répondants, l'arrivée en HLM et au Complexe les Riverains a été vécue comme une délivrance. D'abord sur le plan économique, le fait que le loyer ne représente que 25 % du revenu a un effet immédiat sur le bien-être de la famille ou de la personne concernée. On peut, par exemple, se permettre de mieux s'alimenter et de mieux s'habiller l'hiver. Mais les conditions de logement sont aussi considérées comme étant de loin supérieures à celles qu'on a connues avant d'arriver (dans la plupart des cas). Il y a plus d'espace, le ratio pièces/personnes est plus élevé; les logements sont mieux chauffés (chauffage central compris dans le loyer); les réparations sont effectuées rapidement; les personnes effectuant l'entretien sont courtoises et respectueuses. On souligne aussi l'aménagement extérieur — les parcs, les arbres, les jardins communautaires, les terrains de jeu, les bancs, les arrangements floraux — ainsi que, dans certains cas, la vue prenante sur le centre-ville (dans les grandes tours).

Une femme, par exemple, arrivée d'un logement situé au-dessus d'une brasserie dans l'est de Montréal où elle demeurait avec ses deux enfants, n'en revient pas de la beauté de l'endroit. C'est la même amélioration pour une répondante qui demeurait auparavant dans un sous-sol humide dans le quartier Côte-des-Neiges, qu'elle tient en partie responsable de ses problèmes de santé et de ceux de ses enfants. Pour deux répondants d'origine chinoise, les conditions de logement au Complexe sont supérieures à celles qu'ils ont connues auparavant dans le quartier chinois, où ils devaient partager cuisine et salle de bain avec d'autres locataires. Si plusieurs répondants soulignent la présence de problèmes — des fenêtres qui ferment mal, des murs qui laissent passer le bruit, un manque de ventilation pendant l'été (surtout dans certains logements situés dans les tours), la vétusté des immeubles, la saleté des espaces communs — même dans ces cas, la comparaison avec le marché privé a tendance à être nettement à l'avantage du Complexe les Riverains.

Il y a quand même des voix discordantes. Encore une fois, il s'agit d'une question de comparaison. Les quelques répondantes qui ont connu de « beaux » logements dans les « beaux » quartiers, avant d'être obligées de faire une demande d'un logement en HLM, peuvent avoir de la difficulté à s'y faire. Une femme en particulier a passé ses premiers mois à refaire et à défaire ses bagages, tant elle avait de la difficulté à accepter l'idée de se retrouver au Complexe. Il ne s'agit pas uniquement des conditions de logement dans ce cas, mais aussi du fait de se retrouver dans un « quartier de pauvres » (pour reprendre ses mots à elle). Par contre, elle a fini par s'y faire, elle aime bien les espaces verts et apprécie la rapidité et la courtoisie de ceux qui font l'entretien.

Un des jeunes rencontrés perçoit aussi le Complexe comme un ghetto qu'il souhaite quitter le plus tôt possible. Dans ce cas, le répondant semble reprendre le point de vue de ses amis d'école qui habitent, pour la plupart, sur le Plateau Mont-Royal (un quartier qui a connu une certaine « gentrification »). Il raconte qu'un de ces derniers, venu passer la nuit chez lui au Complexe, lui a demandé comment il faisait pour rester là. Son souhait maintenant est de partir, si possible en banlieue où demeure un autre de ses amis. Un répondant immigré d'origine africaine qui, malgré ses qualifications, n'a pas réussi à trouver de travail ailleurs qu'en manufacture, a une vision tout aussi négative des conditions de logement au Complexe les Riverains. Selon lui, il s'agit de « logements de pauvres », mal construits, avec de très petites pièces où l'on peut à peine se déplacer (dans les chambres par exemple). Dans son cas, vivre en HLM ne fait que renforcer le sentiment de déqualification et d'humiliation qu'il vit depuis son arrivée au Québec. Il avoue que c'est quand même mieux que ce à quoi il avait accès sur le marché privé, mais qu'en même temps, vivre en HLM ne correspond pas à ses attentes.

Tous ces jugements sont en fait relatifs à l'expérience et aux aspirations des personnes ; soulagement et appréciation positive d'un côté, frustration et amertume de l'autre. Entre les deux il peut y avoir une certaine passivité, ou même fatalisme, empêchant d'envisager la possibilité de vivre ailleurs. Toutes ces opinions sont aussi étroitement associées aux profils qui ont été dégagés. Par exemple, les personnes âgées peuvent voir le Complexe comme un lieu où elles vont rester jusqu'à la fin de leurs jours, tandis que, pour d'autres, il peut s'agir davantage d'un lieu de passage. Ceux qui ont des problèmes de mobilité accordent de l'importance à la présence ou l'absence de rampes d'accès ou de barres dans les salles de bain, tandis que les mères avec enfants à charge apprécient le terrain de basket, la patinoire et la pataugeuse.

Mis à part les conditions matérielles de logement, plusieurs répondants se plaignent du non-plafonnement des loyers (le coût du loyer augmente en fonction des revenus des membres du ménage sans qu'existe une limite). Dans certains cas, le montant du loyer en vient ainsi à dépasser ce qu'on paierait sur le marché privé pour un logement équivalent. On s'objecte aussi au fait que les allocations pour enfants ou le supplément accordé lors d'une participation à une mesure d'employabilité sont compris dans le calcul du loyer, ce qui amène une répondante à remarquer qu'on donne d'une main et qu'on reprend de l'autre. Ce qui semble éveiller le plus de frustrations ou d'inquiétudes, cependant, ce sont les règles d'attribution des logements et les situations qui en découlent. Un jeune s'inquiète ainsi du fait que son départ, en réduisant le nombre de personnes dans le ménage, va obliger le déménagement de la famille dans un logement plus petit. Un autre cas similaire est celui que rapporte une mère de famille qui a plusieurs enfants à charge et qui vit également avec ses parents dans le logement où elle a grandi. Ils s'y trouvent maintenant à l'étroit et il est question que ses parents obtiennent un logement pour eux seuls. Or, même si cette répondante doit contribuer au loyer, elle n'est pas formellement locataire et devra, le cas échéant, partir du Complexe (quitte à se mettre sur la liste d'attente une fois à l'extérieur). Ces contraintes avaient créé une situation de crise dans la famille qui était palpable lors de l'entrevue. Dans un autre cas encore, une répondante craint de ne pas pouvoir rester dans son logement actuel, qui comporte momentanément trop de chambres pour le nombre de personnes, même si, dans deux ans, ses enfants seront assez âgés pour avoir chacun une chambre, ce qui entraînera un nouveau déménagement.

Malgré la diversité des opinions exprimées et malgré le fait que quelques répondants soient critiques face aux conditions de logement ou aux règles d'attribution, la plupart font une évaluation positive, surtout en comparaison avec ce qu'ils ont vécu antérieurement sur le marché privé. Dans tous les cas, le fait d'avoir eu accès à un HLM a représenté une aide importante sur le plan économique et a permis aux répondants d'avoir une marge de manœuvre qu'ils n'avaient pas auparavant.

Vivre au centre-ville

Vivre au centre-ville de Montréal a, pour la plupart des répondants, son côté positif et son côté négatif. Les différentes évaluations qui sont faites peuvent être reliées, jusqu'à un certain point, aux profils qui ont été dégagés. Les jeunes de 17 à 25 ans sans enfants à charge, par exemple, ont tendance à mettre l'accent sur les multiples activités culturelles qui se déroulent au centre-ville, que ce soit le Festival de jazz, les Francofolies ou d'autres événements du genre auxquels ils peuvent participer. Certains comparent leur situation avec la vie en banlieue où rien ne se passe, alors qu'au contraire, pour eux, il y a foisonnement d'activités au centre-ville durant toute l'année. Il y a aussi les cinémas, les magasins et les grandes institutions d'enseignement qui sont à leurs portes. Par rapport à tout ce que le centre-ville a à offrir en ce sens, ils se sentent nettement avantagés comparativement à ce que vivent d'autres jeunes ailleurs.

Les mères avec enfants à charge mettent moins l'accent sur le côté divertissement. Étant aux prises avec des responsabilités familiales dans le quotidien, elles soulignent plutôt la proximité et la diversité des magasins au centre-ville, mais en même temps l'absence relative de grandes épiceries dans le voisinage immédiat. Les perceptions sont en fait partagées sur ce point, certaines se plaignant qu'il faille aller très loin (jusqu'à trois stations de métro) pour trouver une épicerie de grande surface offrant des prix raisonnables, d'autres considérant qu'il y en a à proximité — à une quinzaine de minutes de marche vers le nord et vers l'ouest. La diversité des points de vue à ce sujet, diversité qui se retrouve également chez les autres catégories de répondant, relève probablement de la diversité de situations dans lesquelles se trouvent les répondantes. Une jeune mère de famille, par exemple, qui a plusieurs enfants à charge, dont certains sont d'âge préscolaire ou ont des problèmes de santé, pourra trouver la distance à parcourir pour faire l'épicerie particulièrement longue, d'autant plus que la quantité de denrées à rapporter augmente avec la charge familiale.

À l'inverse, une répondante vivant seule avec son enfant adolescent, et ayant donc une plus grande autonomie et moins de choses à transporter, ne comprenait pas que certains se plaignent de l'absence d'épiceries de grande surface alors que, disait-elle, il y en avait à une quinzaine de minutes de marche. Les différences d'opinion s'expliqueraient ainsi par la situation des gens : le nombre d'enfants à charge, l'âge et la condition physique, la possession ou non d'une voiture, ou encore le fait d'avoir une carte mensuelle de métro et d'autobus à moitié prix, ainsi que la possibilité de faire livrer gratuitement son épicerie, dans le cas des personnes de plus de 65 ans. On peut conclure que l'absence relative d'épiceries de grande surface et à bas prix dans l'environnement immédiat constitue un problème réel pour les femmes ayant de jeunes enfants à charge qui ne possèdent pas de voiture et pour les personnes à mobilité restreinte.

Malgré ce problème de manque relatif d'épiceries, les répondants mettent l'accent sur la proximité et l'accessibilité de la plupart des services dont ils ont besoin, y compris les services sociaux et de santé. Les répondants dont le problème principal est un problème de santé ou un handicap sont particulièrement contents de demeurer au centre-ville pour cette raison. Ceux qui se déplacent en chaise roulante ont accès de façon relativement facile et rapide à toutes sortes d'endroits, y compris des restaurants, des grands magasins du centre-ville et même le Vieux-Port de Montréal. Pour cette catégorie, ainsi que pour les personnes de 65 ans et plus, la proximité du CLSC et de plusieurs centres hospitaliers est un autre atout — soit pour les services de maintien à domicile, soit pour l'accès rapide à des soins ou pour les visites régulières qu'ils doivent faire chez des spécialistes. On peut remarquer que sept des neuf répondants dont le problème principal est un problème de santé sont nés au Canada et ont choisi de venir au centre-ville en partie pour avoir accès à ces services. Pour les personnes d'origine chinoise, le cas de deux de nos répondants, la proximité du quartier chinois est un autre atout. Selon l'une des deux, le Complexe les Riverains est juste assez loin de ce quartier pour qu'on ne se sente pas pris dans des relations communautaires parfois très denses et même étouffantes, tout en étant assez près pour qu'il soit possible d'y faire ses commissions.

Un autre avantage qu'il y a à demeurer au centre-ville concerne l'accès à certains types d'emploi. Il faut dire que les emplois disponibles au centre-ville sont souvent perçus négativement par les répondants en termes de salaire et de conditions (quand il s'agit d'emplois dans la restauration rapide ou dans le nettoyage de bureaux, par exemple) mais dans au moins un cas — une répondante travaillant dans le domaine du secrétariat — le fait d'habiter au Complexe lui donne accès (en termes de proximité) à un vaste réseau d'employeurs potentiels. Et, finalement, l'accessibilité est favorisée, de l'avis de tous, par la proximité des transports en commun — le Complexe les Riverains ayant deux stations de métro dans son voisinage immédiat, dont l'une est le carrefour principal du réseau.

La perception qu'ont les répondants de la vie au centre-ville a ainsi son côté positif: vie culturelle omniprésente, accès facile au Vieux-Port et au fleuve, magasins en abondance, services sociaux et de santé à proximité, transports en commun. Il y a cependant des ombres au tableau. Les festivals qui ont lieu pendant tout l'été, tout en étant intéressants, peuvent finir par être envahissants, surtout quand l'emplacement du festival s'étend jusqu'aux portes du Complexe. Tandis que plusieurs répondants, et surtout les jeunes, aiment bien entendre la musique jusqu'à 11 h du soir, d'autres sont dérangés par le bruit et la circulation accrue autour des résidences jusque tard dans la nuit. S'ajoutent à cela les sempiternelles sorties des pompiers, dont la caserne est située juste en face d'une des grandes tours, et dont les sirènes hurlent à toute heure du jour et de la nuit.

À côté de ces problèmes, qui ne sont en fait que des « irritants », un problème majeur traverse les témoignages de l'ensemble des répondants: le trafic de drogue. Ce trafic, de l'avis de la plupart des personnes rencontrées, a connu une augmentation importante pendant les dernières années. Les jeunes en particulier sont sur la ligne de front. Souvent confrontés à des obstacles en termes de conditions économiques ou dans la poursuite de projets d'études ou de formation, ils peuvent voir dans la drogue non seulement une sorte d'échappatoire (et y trouver des liens de socialisation), mais aussi et surtout une opportunité de faire de l'argent au-delà de tout ce que leur environnement a à leur offrir. Un jeune répondant parle de la difficulté d'éviter de tomber dans ce qu'il appelle les «trous» du centre-ville (c'est-à-dire la consommation de drogue); une autre parle de la difficulté qu'elle a eue à s'en sortir.

Le trafic de drogue semble être de plus en plus présent sur les terrains mêmes du Complexe les Riverains. Selon les jeunes, il s'agit en grande partie de gens qui viennent de l'extérieur, à la fois pour acheter et vendre et pour consommer. Ils en veulent particulièrement aux «punks» qui souvent occupent une partie du terrain et qui consomment de la drogue devant les jeunes enfants, laissant derrière eux leurs seringues. Un des répondants fait part du conseil qu'il a reçu d'un frère aîné: la seule façon de s'en sortir est de s'éloigner du milieu du centre-ville. Malgré cette vision plutôt sombre, les jeunes rencontrés semblent être capables de naviguer à travers ou autour de ce terrain miné de la drogue, étant conscients des coûts en termes de santé et de dépendance, mais aussi du risque d'être obligé d'avoir recours au vol ou à la prostitution, comme certaines de leurs connaissances ont fait.

Dans toutes les catégories de répondants on retrouve cette même préoccupation, même si certains trouvent que les craintes sont exagérées. Les craintes les plus élevées sont celles des mères ayant des enfants à charge. Il y a, selon elles, beaucoup de consommation sur les terrains et même dans les édifices du Complexe par des gens de l'extérieur ou des jeunes de l'endroit — dans les corridors, les espaces communs, les salles de lavage. Elles craignent pour les jeunes enfants (certains se piquant avec les seringues qui traînent à terre) et pour les adolescents qui risquent de devenir consommateurs à leur tour, mais aussi pour elles-mêmes. Elles y pensent deux fois avant d'aller seules dans les salles de lavage et l'une, à tout le moins, craint de se faire agresser dans l'escalier. On craint aussi d'appeler la police, par peur de représailles. Plusieurs de ces répondantes nous ont dit qu'elles ne laissent pas leurs enfants jouer à l'extérieur sans surveillance pour cette raison, ce qui diminue l'intérêt pour elles d'avoir des terrains de jeu dans le voisinage.

Les répondants qui n'ont pas d'enfants à charge, ou dont les enfants ont passé l'âge de l'adolescence, semblent moins inquiets, même s'ils constatent la même augmentation de cette activité et le même « envahissement » des parcs et, parfois, des édifices. Les répondants âgés de 65 ans et plus partagent cependant les inquiétudes des mères de famille, craignant notamment pour leur propre sécurité. Deux de ces répondants se sont fait voler dans les deux ans précédant l'entrevue (dans un cas, la personne s'est fait voler son portefeuille deux fois), et l'une dit limiter maintenant ses déplacements autour du Complexe pour cette raison. Ils associent ces vols au va-et-vient constant, dans une des tours et dans le parc en face, de consommateurs et de trafiquants.

Ces inquiétudes concernant le trafic de drogue, qui amènent certains répondants à conclure que le centre-ville n'est pas un milieu approprié pour élever de jeunes enfants, se mêlent à d'autres préoccupations concernant les mendiants et les sans-abri. Ces derniers sont aussi perçus comme étant plus présents autour du Complexe les Riverains aujourd'hui que dans le passé. Ici le terme « envahissement » revient à plusieurs reprises pour décrire la présence de ces gens de l'extérieur qui peuvent s'approprier une partie du terrain, ou qui viennent dormir dans les corridors et les escaliers des édifices, réussissant à contourner le système de sécurité par divers moyens. Le problème qui est souvent mentionné est celui du « salissage » des lieux par ces personnes qui n'auraient d'autre choix que de « faire leurs besoins » dans les espaces communs.

Le trafic de drogue et la présence de sans-abri sont les deux problèmes principaux qui viennent assombrir le tableau dressé par les répondants de la vie au centre-ville et au Complexe les Riverains. D'autres aspects « chauds » de l'environnement immédiat, telle la prostitution, semblent poser moins de problèmes. Certains considèrent que la prostitution est moins présente et moins problématique que par le passé, même si on souligne le rapport entre prostitution de jeunes et trafic de drogue comme un problème actuel. Il se trouve aussi des répondants qui considèrent que les craintes sont exagérées, et que ce n'est pas pire au centre-ville qu'ailleurs — notons toutefois que ce ne sont ni des jeunes ni des mères avec de jeunes enfants à charge. Enfin, certaines des inquiétudes que les répondants avaient avant d'arriver au Complexe quant au « danger » de vivre au centre-ville peuvent diminuer avec le temps. Plusieurs répondantes, par exemple, craignaient au début de se promener dans la rue la nuit, mais elles ont constaté par la suite que les rues du centre-ville sont en général très sécuritaires jusqu'à tard dans la nuit — en comparaison avec d'autres quartiers de la ville moins éclairés, moins passants et, probablement, en comparaison avec ce qu'elles ont vécu avant d'arriver au pays, quoique cet aspect ne soit pas spécifiquement mentionné.

Il reste qu'il y a un véritable fond d'inquiétude quant aux risques associés au trafic de drogue, trafic qui semble être de plus en plus présent. En même temps, les restrictions budgétaires semblent avoir entraîné une diminution de la surveillance des lieux, surtout les fins de semaine. Il semblerait aussi que l'intervention des policiers n'est pas suffisante ou qu'elle n'est pas de nature à assurer la sécurité de la population.

Derrière toute cette question, il y a celle de l'emplacement même du Complexe les Riverains en plein cœur du centre-ville, mais aussi ouvert sur ce centre, offrant pelouses, parcs, terrains de jeu, avenues et bancs à tout venant. Il y a ici contradiction entre le sentiment des résidants rencontrés que ces espaces leur appartiennent et que des « étrangers de l'extérieur viennent envahir » leurs terrains, et le caractère même de l'endroit qui, de façon nette, est marqué par « l'ouverture » du Complexe sur la ville, avec absence de frontières claires entre les deux. Même s'il peut y avoir une affiche ou deux signalant le caractère privé de l'endroit (par exemple, à l'intention des étudiants d'un cégep qui s'approprient régulièrement la partie nord-est du terrain), la disposition même des terrains semble indiquer leur caractère public. Il n'y a rien qui dise clairement à des gens de l'extérieur qu'il y a, effectivement, un « extérieur » et un « intérieur ».

Les rapports au Complexe les Riverains

Une autre question abordée en entrevue était celle des rapports à l'intérieur du Complexe les Riverains. Certains ont parlé du problème de l'isolement, de la difficulté de mobiliser les résidants autour d'activités communes, de tensions entre les familles d'origine immigrée (qui constituent maintenant la majorité) et l'ancienne population « de souche » non immigrée qui est de plus en plus minoritaire en nombre. Nous avons voulu savoir si les répondants partageaient ces points de vue ou s'ils avaient un sentiment d'appartenance à une « communauté » dépassant le simple fait de demeurer au même endroit et venant con-trebalancer les différences d'origine, de langue et d'âge. Autrement dit, les rapports entre les résidants posent-ils problème ou, au contraire, sont-ils perçus positivement ?

La catégorie de répondants qui semble avoir le sentiment le plus développé d'appartenir à une communauté est celle des jeunes de 17 à 25 ans. C'est dans cette catégorie qu'on dit que « tout le monde connaît tout le monde » au Complexe les Riverains, qu'on se tient les coudes quand les choses vont mal (par exemple, après qu'un jeune ait été frap-pé par un camion dans l'un des stationnements), et qu'il n'y a jamais eu de conflits sur une base ethnique. Ce sont certains jeunes aussi qui se targuent d'avoir chassé les « punks » venus de l'extérieur à plusieurs reprises. À côté des craintes relatives au trafic de drogue, il y a ainsi un sentiment de solidarité qui découle du fait que les jeunes passent une bonne partie de leur temps ensemble, soit à la salle commune, soit sur le terrain de basket ou ailleurs.

Une répondante considère qu'il y avait, il y a quelques années, plus d'activités pour les jeunes, et surtout pour les jeunes adolescents (cours de judo offerts par un policier et sorties à l'extérieur de la ville, par exemple) et que maintenant ces jeunes sont largement laissés à eux-mêmes. Plusieurs se plaignent aussi qu'il y ait peu de jeunes d'origine québécoise au Complexe, les familles étant surtout d'origine immigrée. Il n'y a en fait qu'une seule de ces jeunes répondants qui soit née au Canada (et là encore de parents immigrés). La solidarité exprimée par ces jeunes est ainsi, en partie, une solidarité entre jeunes d'origine immigrée, et les rapports interethniques harmonieux dont on parle comprennent peu de Québécois de « souche ».

Déjà, avec les témoignages des mères avec enfants à charge, cette « conscience d'une communauté » qu'on retrouve chez les jeunes a ten-dance à se rétrécir à un univers plus limité de rapports avec un conjoint ou un ex-conjoint, avec les enfants, avec une voisine ou deux et parfois avec des membres de la famille dans la région montréalaise. Certaines de ces femmes se considèrent effectivement isolées, un isolement qui peut être attribué au fait d'être immigré et d'avoir peu de parents ou amis au pays, ou d'être arrivé au Complexe les Riverains trop récem-ment pour avoir pu développer des rapports avec les voisins. Le fait même d'avoir accepté de nous rencontrer en entrevue cependant suggère que ces répondantes ne sont pas parmi les plus isolées, plusieurs répondants nous ayant parlé de cas de femmes ou de personnes âgées qu'on considère vivre dans un isolement quasi total. La comparaison des jeunes et des mères avec enfants à charge avec les autres catégories de répondants permet de dresser plusieurs profils différents en termes d'insertion ou de non-insertion dans des réseaux.

Il y a d'abord ceux qui ont des réseaux d'amis ou de membres de la famille bien développés à l'extérieur du Complexe et qui disent n'avoir ni le temps ni l'intérêt de s'impliquer davantage dans des rapports avec les autres résidants. On cherche à rester en bons termes avec ses voisins, tout en évitant d'entrer dans des rapports d'intimité avec eux. Passer le seuil et entrer dans l'appartement du voisin est un geste que plusieurs disent vouloir éviter. Les rencontres fortuites dans les corridors, les ascenseurs ou l'entrée suffisent. Pour ces personnes, le Complexe n'est ni plus ni moins qu'un lieu de résidence, l'insertion dans des réseaux de sociabilité se passant ailleurs.

On trouve deux variantes de ce premier profil. Une répondante dit avoir choisi de venir au Complexe les Riverains justement parce qu'elle recherchait un certain anonymat et pour éviter une insertion trop forte dans des réseaux de voisinage et dans la vie de quartier, ce dont elle avait déjà eu l'expérience. Elle apprécie la vie au centre-ville justement parce qu'il ne s'agit pas d'un quartier, mais d'une partie de la ville où chacun peut vivre sa vie en paix. Une répondante d'origine chinoise, qui dit avoir fui le quartier chinois pour la même raison, considère aussi qu'au Complexe les Riverains il y a un meilleur respect de la vie privée que là où elle demeurait auparavant. Du même souffle, cependant, elle se plaint du fait que son incapacité à parler d'autres langues que le chinois l'empêche de communiquer avec ses voisins. On peut trouver une autre variante de ce profil chez des répondants qui travaillent à l'extérieur du Complexe et qui sont ainsi insérés dans des réseaux externes qui peuvent être à la fois sociaux et professionnels. Ici aussi l'entrevue donne l'impression que le Complexe les Riverains ne constitue qu'un lieu de résidence où l'on essaie de garder une certaine distance vis-à-vis de ses voisins tout en restant en bons termes avec eux et en ayant, le cas échéant, des rapports d'amitié avec quelques-uns.

D'autres répondants s'impliquent davantage dans la vie communautaire et associative. Dans un cas, il s'agit d'un choix délibéré qui a été fait face à l'impossibilité de se trouver du travail à l'extérieur en raison, selon le répondant, de son âge. S'impliquant «à 100 %» dans le bénévolat, il cherche à sensibiliser ses corésidants à la menace qui plane sur l'avenir de ces HLM. On peut penser que, dans ce cas, l'engagement du répondant dans la vie associative relève en partie de ses difficultés à se trouver un emploi à l'extérieur. Plusieurs répondants apprécient cette possibilité de s'engager auprès de la communauté, que ce soit pour apporter des paniers de Noël, organiser des fêtes, ou intervenir de différentes façons par rapport aux conditions de vie des résidants. Les choix effectués par les répondants sont donc variables et il y en a autant qui cherchent à maintenir de la distance et à ne pas trop s'impliquer dans la vie collective, qu'il y en a qui cherchent à s'engager dans l'action associative ou à participer à des événements à caractère social. On peut aussi passer d'un profil à l'autre, comme dans le cas d'une répondante qui s'est, à son avis, trop impliquée au début et qui cherche maintenant à s'impliquer le moins possible, pour éviter les «chicanes»; de toute façon, dit-elle, elle a sa famille et ses amis «à l'extérieur», suggérant par là qu'elle a moins besoin de ces contacts «à l'interne».

Malgré ce qu'en disent les jeunes — qu'il n'y a jamais eu de conflits ethniques au Complexe les Riverains —, certains commentaires suggèrent la présence de tensions qui prennent une coloration ethnique ou ethnolinguistique. D'un côté, une répondante non immigrée considère que les familles immigrées ont un accès privilégié aux HLM, tandis qu'une autre est d'avis que les résidants hispanophones se tiennent entre eux (excluant les francophones) et que certains jeunes Noirs sont agressifs. De l'autre, un hispanophone déplore le type de rapports qu'il y a entre les «Québécois» et les immigrants, un répondant d'origine africaine se considère totalement tenu à l'écart des réseaux donnant accès aux emplois, tous les privilèges étant réservés aux non immigrés, et une répondante d'origine latino-américaine pense que jamais elle ne serait aidée (pour déménager) par des personnes autres qu'hispanophones. Sous-tendant plusieurs de ces problèmes, il y a celui de la langue. L'incapacité de parler le français est une source considérable de frustration pour plusieurs répondants immigrés et un facteur important d'isolement pour au moins deux des répondants de plus de 65 ans, dont l'une a de la difficulté à communiquer avec ses petits-enfants qui ne parlent pas le chinois.

Une autre source possible de friction se trouve dans les rapports entre personnes âgées ou adultes sans enfants à charge et les jeunes (mis à part le problème d'incompréhension linguistique entre les générations). Les jeunes eux-mêmes n'expriment pas d'opinion à ce sujet (ou presque), les personnes âgées n'occupant probablement que peu de place dans leur quotidien. Il reste que ce sont les deux catégories qui semblent faire le plus grand usage des espaces extérieurs, soit pour jouer, soit pour se promener ou s'asseoir. On peut penser que ces deux groupes partagent l'espace sans trop empiéter sur le terrain l'un de l'autre, mais au moins une répondante dans la cinquantaine sans enfants à charge se plaint du bruit fait par les enfants qui monte jusqu'à son appartement — tout en reconnaissant que les enfants, « il faut que ça joue quelque part ».

Dans l'ensemble, ces témoignages suggèrent que la vie au Complexe les Riverains, en ce qui concerne les rapports entre voisins, se déroule comme dans d'autres grands complexes d'habitation ; qu'il y a une variété de modes d'ajustement à la vie collective, certains gardant leur distance (étant insérés dans d'autres réseaux ailleurs), tout en voulant rester en bons termes avec leurs voisins, d'autres s'engageant plus à fond dans la vie associative ou le bénévolat. Entre ces deux modes ou profils, il y a des cas de réel isolement, qui est soit ressenti comme tel par le répondant, dans quelques cas, soit projeté sur les autres (ex. : la voisine d'en haut qu'on n'a jamais vue, ou les personnes âgées assises toutes seules dehors sans que personne ne leur parle).

Sans minimiser le problème de l'isolement, ces entrevues suggèrent qu'il faut quand même s'interroger sur son sens pour la personne concernée, avant de décider qu'il s'agit d'un problème. En effet, dans des logements où certains se plaignent qu'on peut entendre les conversations à travers les murs mitoyens, que le va-et-vient des voisins est facilement observable (dans le cas des maisonnettes et des blocs à trois étages), pour ne pas mentionner le caractère « public » du Complexe, ouvert comme il l'est sur le centre-ville et au regard des passants, la protection de la vie privée et de l'intimité est un enjeu tout aussi important que la participation à la vie collective.

Trajectoires et projets

Toutes ces questions concernant les conditions de logement, la vie au centre-ville, l'insertion ou la non-insertion dans des réseaux n'ont de sens qu'en rapport avec la trajectoire de vie de la personne. Il faut comprendre la situation dans laquelle elle se trouve en termes de revenus, de projets d'études ou de travail, de charge d'enfants ou de parents âgés ou malades, de parcours d'immigration et, surtout, à la lumière des objectifs explicites ou implicites qu'elle se donne pour maintenir ses conditions actuelles ou pour les améliorer.

Parfois les répondants ne sont pas en mesure de formuler projets ou objectifs de manière explicite, mais l'entrevue elle-même, portant sur les différentes dimensions de l'expérience passée et actuelle, peut faire ressortir un fil conducteur ou, au moins, des préoccupations omniprésentes. C'est ici que les différents profils que nous avons dégagés ont toute leur importance — les jeunes de 17 à 25 ans (sans enfants à charge), les femmes avec enfants à charge âgées de 26 à 49 ans, les personnes de moins de 65 ans dont le problème principal est un problème de santé, les personnes âgées de 65 ans ou plus et, finalement, des personnes de moins de 65 ans n'entrant pas dans les catégories précédentes. Dans ce qui suit, nous présentons les conclusions principales concernant chacun de ces profils.

Les jeunes de 17 à 25 ans

Si les jeunes sont préoccupés par le trafic de drogue et, dans certains cas, par les règles d'allocation des logements (qui font en sorte que leur départ ne peut qu'entraîner le déménagement des autres membres de la famille), c'est en partie parce que leurs propres projets sont affectés par ces deux problèmes ou, pour le dire autrement, que ces aspects de leur situation deviennent problématiques à l'égard de leurs propres projets. Ces jeunes, qui sont soit d'origine immigrée soit, dans un cas, enfant de parents immigrés, cherchent à éviter le type d'emplois dans lesquels leurs parents ont été cantonnés — par exemple, le travail en usine ou en manufacture au bas de l'échelle, la restauration, le nettoyage de tapis, de bureaux ou de chambres d'hôtel.

Ce sont ces mêmes types d'emploi qui sont présentés comme ayant contribué à leur appauvrissement par d'autres catégories de répondant, ce qui peut expliquer la réticence des jeunes à leur égard. Par exemple, la plupart des répondants des autres catégories se disent soulagés de se retrouver en HLM parce que les revenus de travail qu'ils avaient auparavant ne permettaient pas de faire vivre une famille et de se payer un logement sur le marché privé. L'arrivée à l'aide sociale peut aussi être expliquée par les conditions qui prévalent dans ces secteurs : mises à pied massives, fermetures d'entreprises et conciliation difficile famille/travail en raison des horaires. L'ambition qu'ont les jeunes de ne pas subir le même sort que leurs parents rejoint ainsi la volonté de ces derniers de ne pas voir leurs enfants les suivre vers ces mêmes secteurs.

Le problème est surtout celui des circonstances dans lesquelles se trouvent les jeunes répondants, circonstances qui rendent difficile la réalisation ou même la formulation d'un projet d'études ou d'insertion professionnelle correspondant à ce qu'ils souhaitent. Il y a d'abord le problème des ressources économiques dont dispose la famille. Plusieurs répondants ont dû travailler depuis l'âge de 14 ou 15 ans pour pouvoir contribuer aux dépenses du ménage, et encore plus à partir de 18 ans, âge à partir duquel l'aide sociale versée aux parents ne tient plus compte de la présence de l'enfant. Le problème est de pouvoir concilier travail et études. En même temps qu'ils essaient d'éviter les ghettos d'emploi qu'ont connus les parents, ils essaient aussi d'éviter le piège de l'aide sociale. Une répondante s'est effectivement inscrite à l'aide sociale juste avant l'entrevue parce qu'elle n'arrivait pas à terminer ses études tout en travaillant dans les *fast foods* et autres jobines qui s'offrent aux jeunes au centre-ville. Elle dit vouloir reprendre son souffle, réévaluer sa situation, terminer ses études.

Les conditions économiques difficiles de la famille obligent ainsi les jeunes à être assez actifs sur le marché de ce que nous appelons les « emplois jeunesse de passage », qui semblent être relativement abondants au centre-ville. Ces emplois n'ouvrent pas cependant sur des possibilités d'emplois plus intéressants et peuvent compromettre le déroulement des études. Le défi est de passer de ce cul-de-sac vers une formation qualifiée sans tomber dans les « trous » du centre-ville (associés au trafic de drogue), sans se trouver dans les ghettos d'emploi qu'ont connus les parents (le « n'importe quoi ») et sans aboutir à l'aide sociale, faute de trouver d'autres portes de sortie.

C'est ici que l'expérience des parents est importante. Plusieurs parents que nous avons rencontrés s'inquiètent de l'impact que peut avoir sur leurs enfants le fait qu'ils sont prestataires de l'aide sociale, craignant que les enfants ne les suivent dans la même voie. Le problème cependant n'est pas le mimétisme ou le manque d'aspiration des jeunes (si l'on se fie à nos répondants), mais le fait que les parents n'ont pas pu sortir des ghettos d'emploi, ou se sont vus dans l'obligation de faire une demande d'aide sociale, et ne sont pas en mesure d'indiquer la voie à suivre à leurs enfants.

Tous les jeunes que nous avons rencontrés ont fait part de leur ambition d'apprendre un métier: professeur, technicien en aéronautique, ambulancier ou massothérapeute, pour ne nommer que quatre des domaines d'emploi qui ont été mentionnés. Le problème est de savoir comment y arriver. C'est ici que les parents ne sont généralement pas en mesure d'apporter un soutien autre que moral. Plus important encore, les réseaux de la famille et des amis qui « normalement » — dans une société qui fonctionne très largement par réseaux — pourraient ouvrir des portes aux jeunes, ne débouchent que sur des ghettos en termes d'emploi. Par exemple, un répondant peut aller travailler n'importe quand là où travaille son frère (dans une manufacture) mais dans des conditions qu'il considère très dures; un autre peut faire du nettoyage de tapis avec son oncle; une troisième peut continuer à nettoyer des bureaux au centre-ville (grâce à son beau-père) comme elle le fait depuis plusieurs années. Mais dans tous ces cas d'accès à l'emploi par un réseau, l'emploi en question ne correspond pas à ce que le répondant veut faire et même, jusqu'à un certain point, l'empêche d'aller plus loin dans son projet.

Donc, les réseaux n'aident pas nécessairement le jeune dans la réalisation de son projet en termes d'information, de contacts et d'embauche, bien qu'ils puissent offrir un soutien moral important. Ils peuvent au contraire participer à l'« enfermement » des jeunes dans certains secteurs du marché de l'emploi. Le jeune doit trouver lui-même la voie à suivre, en profitant des informations disponibles dans les institutions d'enseignement et ailleurs. Mais il n'y a rien d'évident, rien d'acquis; même le cégep peut sembler un peu obscur et lointain comme institution. Certaines de ces difficultés seraient le lot de tous les jeunes, mais la situation économique et familiale de nos répondants semble les accentuer et même en faire de véritables obstacles. Il y a un manque de voies à suivre. Un répondant, par exemple, parle du soutien affectif qu'il reçoit de sa jeune sœur qui le voit comme un pionnier qui va tracer la voie qu'elle-même pourra suivre plus tard.

L'image principale qui ressort de ces entrevues est celle de jeunes qui ont développé un fort sens de responsabilité à l'égard de leur famille (associé, dans au moins deux cas, au départ du père quelques années auparavant) et une volonté de contribuer économiquement aux dépenses familiales. Il y a aussi inquiétude, dans plusieurs cas, quant à l'impact de leurs propres choix en matière de logement sur l'avenir de la famille, étant donné les règles d'attribution des logements. Il y a surtout le souhait de pouvoir apprendre un métier, de se qualifier, de sortir des culs-de-sac que sont les petites jobines (les emplois « jeunesse de passage »), le « n'importe quoi » au bas de l'échelle, l'aide sociale. Ce dont ils ont besoin, c'est de l'aide pour y arriver — aide qui pourrait suppléer, entre autres, au manque d'information, de ressources et de réseaux.

Les femmes avec enfants à charge

Les dix-huit femmes avec enfants à charge rencontrées font part de plusieurs préoccupations. Il y a d'abord les conditions économiques dans lesquelles elles doivent se débrouiller. C'est ici que l'arrivée en HLM leur aurait permis de consacrer une plus grande part de leur revenu à des besoins essentiels autres que le logement. Il y en a plusieurs qui doivent quand même avoir recours aux banques alimentaires à la fin du mois, ou qui se trouvent dans l'incapacité de remplacer des appareils électroménagers vieillissants. La plupart de ces femmes doivent se débrouiller seules. Même si sept des dix-huit répondantes vivent avec un conjoint, un seul de ces conjoints travaille (à temps partiel — le couple recevant un supplément de revenu dans le cadre du programme APPORT). Plusieurs répondantes font cependant appel à une contribution financière de la part de leurs enfants.

Dans la plupart des cas, l'arrivée à l'aide sociale et en HLM s'explique par la situation précaire des répondantes sur le marché du travail. Cette précarité prend plusieurs formes. Le revenu de travail est souvent inadéquat pour se payer un logement acceptable et prendre soin de sa famille. On peut être pris ainsi dans un étau où l'on n'arrive pas à payer le loyer à temps ou au complet et où l'on s'endette envers Hydro-Québec. Les conditions sur le marché privé du logement peuvent avoir pour effet de drainer la majeure partie du revenu vers le loyer et d'en laisser très peu pour tout le reste. Les horaires et les conditions de travail peuvent aussi rendre difficile la conciliation du travail et des responsabilités familiales. Une femme, par exemple, avait réussi à augmenter ses revenus de travail dans une manufacture à 500 $ par semaine en travaillant à la pièce «comme un robot» 10 heures par jour avec une pause de 15 minutes. Quand ses enfants, restés dans son pays d'origine, sont venus la rejoindre, elle n'a plus été en mesure de maintenir la même cadence; elle arrivait parfois en retard le matin ou devait quitter plus tôt à la fin de la journée. Elle a été congédiée.

Plusieurs répondantes se sont retrouvées dans une situation comparable après le départ de leur mari, leur revenu de travail ne leur permettant pas d'assumer seules leurs responsabilités familiales. Le plus souvent, cependant, c'est la grossesse qui est venue changer la situation de la répondante vis-à-vis du marché du travail au bas de l'échelle. Quand on tombe enceinte dans ces conditions, non seulement les responsabilités familiales deviennent-elles éventuellement plus lourdes, mais on peut se faire congédier (illégalement) pendant la grossesse (c'est le cas d'une des répondantes) ou avoir de la difficulté à se faire réembaucher après la naissance de l'enfant (c'est le cas d'une autre). Pour plusieurs répondantes, c'est effectivement la grossesse qui crée une rupture avec le marché du travail salarié, l'incompatibilité des responsabilités familiales et des conditions de travail disponibles rendant difficile le retour sur le marché du travail par la suite.

Un autre problème qui ressort de ces entrevues concerne les exigences croissantes des employeurs en termes de scolarité. La plupart de ces femmes (quinze sur dix-huit) sont d'origine immigrée; aucune des quinze n'a le français ou l'anglais comme langue maternelle; la majorité d'entre elles n'avait fait que quelques années d'études avant leur arrivée au pays — certaines provenant, comme réfugiées, de pays en guerre qui n'offraient pas la possibilité de parfaire une formation académique. Cependant, elles sont maintenant confrontées à l'exigence de terminer leurs études secondaires en français si elles souhaitent avoir un salaire leur permettant de sortir de la pauvreté — ou même un salaire de bas niveau.

Cette exigence constitue une barrière quasi insurmontable pour plusieurs d'entre elles et souvent ne semble pas correspondre à ce dont elles auraient réellement besoin pour effectuer le travail visé. Un cas qui illustre l'inflation des exigences est celui d'une femme, venue au Québec comme réfugiée, qui avait travaillé pendant quatre ans dans l'entretien ménager pour une institution avant de devenir enceinte. Quelque temps après la naissance de son enfant, elle est retournée au même endroit pour reprendre son emploi. Entre-temps, l'institution avait accordé le contrat d'entretien ménager à une entreprise privée et cette dernière exigeait de sa part un diplôme d'études secondaires. La répondante ne comprend pas pourquoi elle devrait retourner à l'école à 40 ans pour faire des études dans une langue qu'elle ne maîtrise pas bien, tout cela afin, éventuellement, de revenir à un emploi qu'elle a déjà effectué pendant quatre ans. Elle s'est aussi tournée vers le nettoyage des chambres d'hôtel au centre-ville, mais l'employeur exigeait la connaissance de l'anglais et du français. Suivant les conseils de son agent d'aide sociale, elle était inscrite, au moment de l'entrevue, à un cours d'alphabétisation en français pour pouvoir éventuellement retourner sur les bancs de l'école ; son objectif ultime est de pouvoir retrouver un emploi dans l'entretien ménager ou un emploi comparable. Ainsi, non seulement ces répondantes peuvent-elles se trouver confrontées à une incompatibilité des conditions de travail (en termes de salaire et d'horaire) et de leur charge familiale, mais également à des exigences de formation qui ne semblent pas avoir un rapport avec les tâches en cause.

On ne peut sous-estimer l'impact des problèmes linguistiques sur ces répondantes immigrées. L'une d'entre elles, une hispanophone, avait suivi des cours de français avant son arrivée au pays sur les conseils de l'agent d'immigration. Constatant, à son arrivée, que son français n'était pas encore suffisant, elle a suivi des cours de COFI et des cours de français offerts par une université, tout en faisant du bénévolat dans un organisme francophone. Se considérant maintenant à l'aise en français après plusieurs années de cours et de pratique, elle constate que le marché du travail, dans sa branche, exige non seulement le français mais l'anglais aussi (qu'elle ne maîtrise pas), quand ce n'est pas seulement l'anglais.

Face à ces obstacles (difficile conciliation entre le travail et les responsabilités familiales, conditions de travail, exigences des employeurs,

barrière de la langue), certaines répondantes, surtout celles dans la quarantaine, semblent avoir abandonné l'espoir pour elles-mêmes et
consacrent tous leurs efforts à fournir à leurs enfants des conditions propices pour que ces derniers réussissent leurs études et puissent mieux
s'en sortir. En même temps, certaines s'inquiètent de l'impact de leur
propre expérience de vie sur leurs enfants. Il s'agit moins de la crainte
que les enfants puissent finalement trouver «normal» un mode de vie
sans emploi rémunéré — quoiqu'une au moins s'en inquiète — que de
celle que l'image donnée par leurs parents (qui, malgré tous leurs
efforts et leurs acquis en termes d'études et d'expérience de travail, ne
réussissent pas à se faire embaucher) ne les rende pessimistes par rapport à leur propre avenir. Pourquoi eux, les enfants, réussiraient-ils là
où les parents ont échoué? Pourquoi faire tant d'efforts à l'école?

La répondante qui semble être le plus hantée par cette question dit
par la même occasion que ses trois enfants réussissent très bien à l'école
et qu'elle est soutenue par eux dans ses propres démarches, ce qui suggère que ces derniers ne se laissent pas trop influencer par la situation
de leur mère. Dans d'autres cas, cependant, la situation difficile de la
mère a un impact direct sur les chances qu'a l'enfant de s'en sortir. Une
répondante raconte comment, après le départ de son fils aîné (qui avait
assumé une partie du loyer), elle a dû retirer sa fille de l'école pour
qu'elle commence à travailler et à contribuer aux dépenses de la famille.
Cette dernière est ainsi entrée dans ce qui peut devenir un cycle sans fin
où l'avancement des études est constamment compromis par la nécessité de travailler.

Ces trajectoires de vie nous mettent devant un rapport complexe entre
les responsabilités familiales, des conditions de travail inadéquates et un
marché du logement à la dérive. Les problèmes de ces femmes peuvent
augmenter avec le nombre d'enfants à charge (quatre répondantes sur dix-
huit en ont quatre ou plus) et aussi avec les problèmes de santé de leurs
enfants. Parfois cet état de santé est justement relié par la répondante aux
conditions dans lesquelles a vécu la famille. Les problèmes de santé rendent encore plus lourde la tâche assumée par la mère et entravent davantage ses tentatives d'améliorer ses conditions de vie et celles de ses enfants
(par des études ou un travail rémunéré, par exemple). Ces problèmes sont
particulièrement insidieux, puisqu'ils peuvent découler de la situation

dans laquelle se trouve la répondante et ses enfants et venir l'empirer en retour. Une répondante qui a à sa charge quatre jeunes enfants, dont un a un problème important de santé, se sent ainsi dépassée par sa situation et a développé des maux de tête chroniques.

Cette dernière répondante semble aussi complètement isolée. Arrivée au pays comme immigrante, elle a peu de contacts ici, ce qui constitue un obstacle supplémentaire. Comme nous l'avons suggéré dans la section précédente, la poursuite des études et l'accès à l'emploi sont en grande partie tributaires des réseaux auxquels on est associé, lesquels sont des vecteurs essentiels d'information et peuvent même parfois nous faire obtenir un emploi. Ceci peut mener à une forme de ghettoïsation, mais on peut penser que c'est encore pire lorsqu'on ne possède même pas ce type de réseau et que l'on doit se débrouiller seul. C'est ici en fait que la question de l'isolement a toute son importance. Ce n'est pas la participation à un réseau de sociabilité comme telle qui compte quand il s'agit d'améliorer ses conditions de vie, mais la participation à des réseaux qui augmentent les chances de s'en sortir ou de donner suite à un projet.

Toutes ces femmes cherchent cette porte de sortie. Une répondante, par exemple, veut avant tout « se libérer » de ceux qui administrent la sécurité du revenu et qui viennent constamment enquêter sur sa vie privée (d'ailleurs, pour elle, l'entrevue constituait une intrusion dans le même sens). Pour une autre, les personnes prestataires de l'aide sociale sont traitées comme si elles n'étaient pas des êtres humains. Si, pour les jeunes, la question principale est : comment éviter le double piège que représentent le travail au bas de l'échelle et l'aide sociale (le premier menant souvent à la deuxième), la question que se pose la deuxième catégorie de répondantes est : comment sortir de ce double piège une fois qu'on y est entré ?

Trois femmes avaient trouvé une issue au moment de l'entrevue, dont deux Québécoises non immigrées qui avaient toutes les deux décroché des emplois dans le domaine de l'intervention. Toutes les deux avaient suivi une longue démarche, avec des périodes de bénévolat et de participation à des mesures d'employabilité, participation qu'elles avaient elles-mêmes exigée auprès de leur agent d'aide sociale. Connaissance de la langue, familiarité avec le système, insertion dans des réseaux, tout cela a probablement joué pour permettre à ces deux femmes d'avoir des emplois correspondant à ce qu'elles voulaient. Pour l'une d'entre elles, il s'agit de « la lumière au bout du tunnel » qu'elle pensait ne jamais voir, quoiqu'elle venait tout juste d'être embauchée au moment de l'entrevue et ne pouvait pas parler davantage de l'impact de cet emploi sur ses conditions de vie. Dans l'autre cas, cependant, la répondante avait réussi à augmenter son revenu de 400 $ par mois (par rapport à ce qu'elle recevait de l'aide sociale), bénéficiant notamment de la nouvelle disposition de la loi qui permet aux travailleurs au bas de l'échelle salariale de continuer à recevoir l'allocation pour enfants tout en travaillant. Dans son cas, c'est cette nouvelle disposition qui fait la différence. Il y a quelques années elle aurait probablement été perdante en travaillant au salaire minimum.

Tout en se disant satisfaites des services qu'elles reçoivent — notamment du CLSC, quoique certaines d'entre elles se plaignent du manque d'information sur les services donnés par ce dernier organisme —, l'impression laissée par ces entrevues est que ces répondantes doivent surtout compter sur leurs propres moyens pour améliorer leur situation. Une des répondantes non immigrée dit avoir beaucoup insisté auprès de son agent pour avoir accès à une mesure, celui-ci lui suggérant plutôt de rester chez elle jusqu'à ce que son enfant ait 5 ans. D'autres acteurs « apparaissent » dans les trajectoires de temps à autre — à part les employeurs et les propriétaires de logement. Une répondante, par exemple, bénéficie d'un soutien important de son ex-conjoint, tandis qu'une autre a souvent recours à « sa » travailleuse sociale, qui joue un rôle d'intermédiaire entre elle et les professeurs à l'école ou les agents d'aide sociale. Les répondantes sont aussi entourées et soutenues par leurs enfants.

Dans l'ensemble, cependant, elles doivent se débrouiller seules pour trouver une façon de contourner les barrières auxquelles elles sont confrontées. Leur situation ressemble, en partie, à celle des jeunes; « s'en sortir » veut dire pouvoir formuler et mettre en application un projet d'études, de formation, de participation à une mesure, ou entreprendre une autre activité en fonction du but visé. Elles cherchent surtout à devenir autonomes, à se « libérer » des contrôles. S'en sortir peut vouloir dire aussi sortir de chez soi, voir d'autres gens, être avec des adultes (pour celles qui passent leur vie avec leurs enfants). Au cœur du problème se trouve la non-reconnaissance des responsabilités familiales assumées par ces femmes, dans la société en général et chez les employeurs en particulier, l'organisation du travail ne faisant pas de place à cette réalité et ce, particulièrement dans la sphère des emplois au bas de l'échelle qui sont le lot de la plupart d'entre elles. C'est ainsi un conflit de disponibilité qu'elles doivent résoudre ; il leur faut choisir entre être disponibles pour les employeurs ou être disponibles pour leurs enfants — le système étant organisé (sur le plan des salaires et des horaires) de telle façon qu'elles ne peuvent être disponibles pour les deux en même temps.

Profils variés

Nous présentons brièvement ici les projets et trajectoires des quatre personnes qui n'entrent pas dans les autres catégories. Ces quatre personnes sont dans la trentaine, la quarantaine, la cinquantaine et la soixantaine respectivement ; il s'agit de trois personnes d'origine québécoise francophone et une personne d'origine africaine ; de trois hommes et d'une femme. Tout en ayant des profils différents, ils ont néanmoins une même préoccupation : l'emploi.

Deux des répondants, un homme et une femme, âgés respectivement dans la quarantaine et la cinquantaine et demeurant seuls, cherchent surtout à maintenir leur présence sur le marché de l'emploi. Depuis longtemps, ils réussissent à avoir des contrats de courte durée mais qui se succèdent. Pour tous deux, le fait d'avoir un logement au Complexe les Riverains représente une sécurité dans une situation de précarité relative, quoique cet aspect soit davantage souligné par la répondante. Celle-ci dit consacrer autant de temps à la recherche de nouveaux contrats qu'au travail lui-même, profitant de la présence de centaines d'employeurs potentiels au centre-ville — elle travaille dans le domaine du secrétariat. Elle est consciente du fait qu'avec l'âge elle risque d'avoir des difficultés supplémentaires à trouver du travail, d'où la sécurité que représente pour elle le fait de résider en HLM, même si elle doit payer un loyer assez élevé pendant qu'elle travaille. Elle est arrivée au Complexe les Riverains après le départ de son mari. Seule avec ses enfants, son revenu ne lui permettait pas d'assumer les charges familiales sans bénéficier d'un loyer subventionné. Quand ses enfants sont partis, elle est restée.

La situation de ces deux premiers répondants contraste avec celle du troisième, un homme d'origine africaine avec enfants à charge et âgé dans la trentaine. Nous avons déjà fait état de la difficulté qu'a cet homme d'accepter le fait qu'il demeure en HLM. Sa frustration provient non pas des conditions de logement comme telles — quoiqu'il les trouve inacceptables — mais du manque d'ouverture de la société québécoise face aux immigrants africains. Malgré ses qualifications et les cours qu'il continue à suivre, toutes les portes lui restent fermées, à l'exception des emplois en manufacture — où sa femme travaille par ailleurs — et qui, selon lui, ne paient pas suffisamment pour permettre aux gens de se nourrir convenablement. Le problème, dit-il, c'est que tout passe par les réseaux — 80 % des emplois sont comblés ainsi — et que les immigrants, et surtout les Noirs, n'y ont pas accès. Il semble sur le point d'abandonner la voie des études pour se concentrer sur ce problème, sans avoir beaucoup d'espoir de réussir.

Si tous les efforts de ce dernier répondant sont consacrés à surmonter ce problème d'exclusion (ou de discrimination), le quatrième répondant de cette catégorie, qui a travaillé dans les manufactures jusqu'à la fin de la cinquantaine, ressent aussi une certaine amertume devant la fermeture du marché du travail à son égard. Dans son cas, il ne s'agit pas de discrimination raciale ou de racisme, mais plutôt d'une exclusion fondée sur l'âge, selon lui. Au début de la soixantaine, il se fait dire qu'il est trop vieux pour avoir accès à des stages. Il doit donc se tourner vers le bénévolat, mais voudrait quand même réussir à se trouver du travail, car cela est pour lui la seule façon d'améliorer sa situation économique.

Tout en ayant des profils distincts, ces quatre répondants ont ainsi des préoccupations semblables. Tandis que deux d'entre eux se disent victimes d'exclusion (et, peut-être, de discrimination), les deux autres réussissent à maintenir leur présence sur le marché de l'emploi. Chacun, à sa manière, apporte un éclairage sur ce que vivent quatre catégories de la population — les immigrants d'origine africaine dont le taux de chômage s'élève à 60 %, les hommes seuls dans la quarantaine sans enfants à charge, les femmes avec des enfants qui sont maintenant adultes et qu'elles ont élevés seules, et les hommes qui perdent leur emploi dans la cinquantaine et qui se trouvent rejetés du marché de l'emploi bien avant de pouvoir recevoir une pension de vieillesse.

Les personnes de moins de 65 ans dont le problème principal est un problème de santé

Chez les neuf personnes de moins de 65 ans rencontrées dont le problème principal est un problème de santé, on trouve plusieurs profils distincts. Il peut s'agir d'un problème de longue date (épilepsie, dystrophie musculaire), ou d'un problème plus récent associé au vieillissement et à l'expérience du travail (six personnes sur les neuf ont entre 54 et 59 ans). Deux autres répondants ont été rendus invalides par un accident de la route et une tumeur au cerveau respectivement, voyant leur carrière ou trajectoire de vie soudainement interrompue. Finalement, un répondant souffre de problèmes de santé mentale qui ont déjà nécessité une période d'hospitalisation.

Ces répondants ont, pour la plupart, choisi de venir demeurer au centre-ville. Même si le fait de résider en HLM représente pour eux, sur le plan économique, un apport tout aussi important que dans le cas des autres répondants, le fait que ce soit au Complexe les Riverains relève chez eux davantage d'un choix. Il s'agit, comme nous l'avons déjà vu, d'une question d'accessibilité — accessibilité des magasins, des restaurants et des services de toutes sortes — mais aussi de sécurité, la sécurité que représente pour eux la proximité de plusieurs institutions de santé et de services sociaux.

Ces personnes n'ont pas d'enfants à charge et ne sont pas hantées par la nécessité de retourner aux études ou de chercher un travail rémunéré comme dans le cas des autres répondants considérés jusqu'à maintenant. En effet, pour la plupart, leur état de santé les empêche d'y songer, même si, par ailleurs et paradoxalement, elles sont impliquées dans des activités de toutes sortes. Il peut s'agir de chanter dans une chorale, d'informer des personnes handicapées de leurs droits et de les conseiller, de faire de l'art-thérapie, d'intervenir auprès des ex-détenus, de tricoter des foulards pour les itinérants, de faire du bénévolat à l'intérieur du Complexe, d'écrire dans un journal, de faire des visites à l'hôpital ou d'aller voir la famille. Dans les mots d'un de ces répondants, ce sont autant de façons de « participer à la vie en société », d'avoir de la «reconnaissance» ou, selon une autre personne, d'être «reconnu» et «renforcé moralement».

Parfois la situation de ces répondants donne l'impression que leur état de santé ou leur incapacité physique les «libère» de cette obligation de travailler qui est omniprésente dans les autres trajectoires considérées jusqu'à maintenant; s'ils «travaillent» maintenant, ils le font autrement — bénévolement. Tandis que l'un d'eux s'est lancé dans le bénévolat à temps complet pour éviter la dépression et l'isolement, une autre se dit tellement active qu'elle n'aurait même pas le temps de «travailler» — la raison étant qu'elle «travaille trop» déjà. En même temps, ce foisonnement de projets et de formes de participation traduit surtout une volonté de ne pas se laisser abattre par sa condition, de rester «autonome» le plus possible, de ne pas être un fardeau pour les intervenants du CLSC et d'ailleurs qui viennent régulièrement les aider.

En fait, le projet principal qui ressort de ces entrevues est celui du maintien: maintenir ses conditions actuelles, pouvoir continuer à s'impliquer et à agir comme on le fait actuellement, empêcher que son état de santé se dégrade davantage. C'est ici que l'activité et la «participation» ont toute leur importance, permettant à une répondante de «se remettre un peu plus sur la *track*». Et c'est ici que ces trajectoires, tout en étant très différentes de celles que nous avons vues jusqu'à maintenant, finissent par les rejoindre. Ainsi, une des répondantes souhaiterait avoir de l'aide pour parler des «projets qu'on a» et pour les réaliser.

Les personnes de 65 ans et plus

On aurait pu penser que le travail rémunéré ne serait plus un thème présent chez les quatre personnes de 65 ans et plus. En fait, le plus vieux des répondants, à 77 ans, aimerait bien trouver du travail comme placier dans un cinéma (un emploi qu'il a déjà occupé) ou faire des travaux légers, ce qui vient encore questionner la relégation des personnes «âgées» à la zone «hors travail». Une autre répondante, cependant, qui a travaillé toute sa vie comme vendeuse au centre-ville, a développé un autre rapport au temps, maintenant qu'elle ne travaille plus et ne vit plus «à la course». À présent, elle vit tranquillement; elle ne traverse plus «sur la jaune» et encore moins «sur la rouge»; elle flâne dehors pendant l'après-midi ou en revenant de l'épicerie. On pourrait dire ainsi que son projet actuel se conçoit surtout en opposition avec ce qu'elle a vécu dans le passé et qu'effectivement, elle ne veut plus rien savoir du « travail » tel qu'elle l'a connu.

Une troisième répondante continue à faire ce qu'elle a toujours fait — prendre soin de son mari. Cette autre forme de « travail » (qui pourtant n'est pas reconnu comme tel) devient de plus en plus lourde, étant donné l'âge et la condition de santé de son mari, mais aussi sa propre condition. Selon l'intervenante interprète, il s'agirait d'un aspect de la « culture » chinoise auquel elle a de la difficulté à échapper. Il a fallu toute une négociation avec le mari pour qu'il accepte de séjourner quelque temps en institution et de donner ainsi du répit à sa femme, cette dernière voulant en profiter pour rendre visite à sa mère de 90 ans en Chine (si elle a les ressources nécessaires pour le faire). Le dernier répondant, aussi d'origine chinoise, n'étant pas soumis à cette même obligation, peut passer ses après-midi en compagnie de ses amis au quartier chinois.

Une même préoccupation traverse ces entrevues concernant la propreté, la tranquillité et la sécurité au Complexe les Riverains. L'univers de ces personnes étant plus restreint (en termes de mobilité), les environs immédiats prennent une signification particulière. Il devient important de pouvoir s'asseoir dehors, de se promener dans les parcs et sur les terrains sans être incommodé par des jeunes ou par des « personnes de l'extérieur ». Or les vols qu'ont subis deux de ces répondants viennent remettre en question leurs promenades dehors, tandis que la présence de « personnes de l'extérieur » à l'intérieur même des tours renforce leur sentiment d'insécurité. Ces questions ont déjà été abordées lorsqu'on a parlé de la vie au centre-ville, mais les trajectoires et projets de cette dernière catégorie se résument largement à la qualité de vie qu'ils réussissent à se donner dans leur environnement immédiat et c'est cette qualité de vie qui est directement remise en question par le trafic de la drogue. Une autre inquiétude qui touche particulièrement ces répondants — plus peut-être que les autres catégories — concerne l'avenir même du Complexe les Riverains. Ce ne sont pas juste les trafiquants qui alimentent le climat d'insécurité, mais aussi l'incertitude quant à l'avenir du Complexe — qui risque d'être utilisé à d'autres fins d'ici quelques années. Cette incertitude vient miner la volonté de ces répondants de rester là jusqu'à la fin de leurs jours sans être dérangés. Un seul se démarque sur ce point; il aimerait bien déménager en banlieue, considérant qu'il n'a pas de «liberté» en demeurant au Complexe.

Les rapports avec la famille ressortent comme étant une dimension centrale de leur vie — rapports problématiques dans un cas et positifs dans un autre — ainsi que les rapports avec les voisins qui peuvent être compliqués (ou même rendus inexistants) par la barrière de la langue. En même temps qu'on parle effectivement de ces rapports et de leur importance, on met aussi l'accent sur l'autonomie — sur la volonté de rester autonome le plus longtemps possible (en faisant ses propres commissions, par exemple). Ce qui ressort ainsi pour cette dernière catégorie, c'est la volonté de conserver un espace de vie dans lequel il y a mobilité et autonomie et qui serait le moins possible menacé par des «gens de l'extérieur».

Chapitre 4

L'action contre la pauvreté

Les informateurs clés

Le portrait que dressent les responsables d'organismes du Complexe les Riverains, en termes d'une population démunie aux plans économique et social, est relativement homogène. La situation de pauvreté ne surprend pas puisque ces HLM constituent précisément une mesure d'aide aux plus démunis. Ils décrivent une population qui tire principalement ses revenus de transferts gouvernementaux — pensions de vieillesse et sécurité du revenu — et dont les personnes qui travaillent gagnent de très faibles revenus. Si elles gagnent plus, elles se voient quasiment obligées de quitter le HLM à cause de la hausse proportionnelle du loyer, sans qu'existe une limite ou un « plafond ». Certains soulignent la précarité financière, l'appauvrissement et le sentiment des résidants d'être pris dans un cercle vicieux à cause des charges qui s'ajoutent continuellement comme l'assurance-médicaments, l'aide à domicile et celles reliées au logement.

Ce portrait accorde une place importante à la problématique du logement social et au milieu qu'est le centre-ville. En effet, les responsables mettent clairement en évidence les effets indésirables des règles de la politique québécoise du logement social — entraînant la concentration dans le même espace des personnes les plus démunies économiquement et souvent aux prises avec des problèmes sociaux, ce que plusieurs appellent « l'absence de mixité sociale », désincitant à l'emploi et empêchant les gens « même de penser s'en sortir ». L'image évoquée par un répondant d'une rue où tous les résidants ont des problèmes, en comparaison d'une rue ordinaire où seulement 5 % en ont, illustre clairement cette perception. Il s'agit d'une « rue » particulière également par le fait que ses 1665 résidants occupent un quadrilatère coupé de la trame des rues du quartier.

Si certains rendent le « système » responsable de créer une dépendance, d'autres attribuent cette responsabilité aux individus qui ne peuvent pas ou ne veulent pas « se sortir du problème », et à leur réaction de « découragement total » et de « désespoir ». Pour certains, cette vision traduit leur compréhension de la vocation des HLM qui serait de fournir une « aide temporaire » permettant aux locataires de se sortir « d'une mauvaise passe ». Cette question demeure cependant confuse dans les propos des informateurs : les HLM — et notamment le Complexe les Riverains — visent-elles effectivement à fournir une aide temporaire ou veut-on constituer un milieu de vie à plus long terme auquel les locataires développent une appartenance ? La plupart des entrevues avec les responsables œuvrant à l'intérieur de ce complexe laissent croire qu'il s'agirait de la deuxième option — notamment lorsqu'ils se réfèrent aux personnes âgées et au sentiment d'appartenance des personnes résidant dans ces HLM depuis plusieurs années.

La pauvreté économique se double selon ces responsables d'une pauvreté sociale et d'une pauvreté de la communauté. Cette dernière serait également pauvre en raison de l'absence de mixité sociale et de la concentration des problèmes sociaux au sein du Complexe — la concentration de la pauvreté encouragerait notamment la délinquance des jeunes. En outre, les règles du logement social génèrent un climat de méfiance entre les locataires et font en sorte que, depuis quelques années, les nouveaux locataires proviennent en majeure partie des communautés culturelles — celles-ci s'intégrant difficilement. Depuis leur arrivée, la composition de la population a beaucoup changé puisqu'ils constituent la grande majorité des locataires. Si les liens entre les francophones et les immigrants sont difficiles à cause des barrières de langue et de culture, ils le sont aussi entre les différentes communautés culturelles elles-mêmes.

Les responsables soulignent également l'absence d'intégration et de liens entre les résidants du Complexe et les voisins tels la communauté universitaire à proximité, le cégep qui est situé de l'autre côté de la rue et les autres résidants du quartier. Ceci fait en sorte que certains responsables externes considèrent le Complexe les Riverains comme un « ghetto ». Certains soulèvent aussi la question de l'existence ou non d'une communauté dans ce complexe, distincte d'une communauté du centre-ville et soulignent la faiblesse du tissu social à la fois dans le Complexe et au centre-ville — certains se représentant le centre-ville comme la juxtaposition d'îlots très contrastés et non reliés entre eux. Enfin, la pauvreté sociale et de la communauté se réfère à l'exclusion sociale des immigrants et des jeunes de même qu'à la solitude, à l'isolement et à l'insécurité des locataires — notamment des personnes âgées.

Les répondants identifient enfin une pauvreté de l'environnement social du Complexe lui-même et du milieu qu'est le centre-ville. Le Complexe les Riverains étant situé au cœur du centre-ville, les locataires sont confrontés aux populations exclues et marginales et aux activités illicites du centre-ville, comme le trafic de drogue et la prostitution, qui se tiennent autour et sur le site du Complexe. On se réfère aux jeunes punks, aux « skin heads » et aux personnes itinérantes qui occupent les parcs du Complexe et aux personnes itinérantes et prostituées qui entrent dans les tours et occasionnent des « problèmes ». En outre, étant peu peuplé, le centre-ville ne ressemble pas aux autres quartiers et ne dispose pas des services de base pour les familles comme les épiceries, les écoles, des lieux de loisirs pour les jeunes. Certains soulèvent la question de l'identité de quartier. S'agit-il d'un vrai quartier ? De quel quartier sommes-nous ? D'autres posent la question de la vocation résidentielle du centre-ville. Veut-on vraiment y faire vivre des familles et développer les services de base en conséquence ? Fournit-on aux familles du Complexe un milieu favorable pour élever leurs enfants ? Enfin, les informateurs constatent que les résidants ne peuvent pas participer à la vie culturelle qui se déroule autour d'eux et qu'ils sont stigmatisés comme locataires de HLM et assistés sociaux.

Le fait de rassembler ainsi l'ensemble des perceptions de la pauvreté et des obstacles auxquels font face les résidants ne doit pas occulter la vision foncièrement positive qu'ont les responsables des organismes œuvrant à l'intérieur du Complexe. Les administrateurs du Complexe refusent même de parler d'« obstacles », préférant parler de « préoccupations » pour désigner les difficultés qu'ils « reconnaissent » et sur lesquelles ils ont « déjà entrepris des actions » concrètes. Certains responsables du CLSC se disent aussi convaincus du potentiel de cette population, qu'ils voient cependant confrontée à des barrières considérables — à des conditions et règles qui découragent les gens dans leur recherche d'un emploi, qui «ghettoïsent» et excluent la population à faible revenu, qui créent de la méfiance, entraînent du repli sur soi, de la dépendance et du découragement.

Ces répondants font part de différentes circonstances ou facteurs qui «expliqueraient» la situation des personnes vivant dans la pauvreté au centre-ville. Par exemple, certaines parmi ces dernières auraient vécu une «mauvaise passe», une séparation ou une perte d'emploi, qui les a obligées de faire une demande pour un logement social; d'autres, travaillant au salaire minimum, n'ont pas été en mesure de subvenir aux besoins de leur famille et ont abouti à l'aide sociale; d'autres encore, en tant qu'immigrants des Antilles, de l'Amérique latine, de l'Asie ou d'ailleurs sont «exclues» de la société québécoise.

Si on n'a pas tendance ainsi à faire porter la responsabilité de leur situation sur les gens eux-mêmes (à quelques exceptions près), quand il s'agit de penser des stratégies pour s'en sortir, on met l'accent principalement sur la nécessité de se «prendre en mains» individuellement et collectivement. Le fait de ne pas participer à de telles formes d'action devient ensuite un facteur explicatif supplémentaire de l'«échec». C'est ainsi que la «responsabilité» (selon la perception des répondants) peut se déplacer subtilement des facteurs contextuels ou structurels vers des facteurs plus individuels. Ceci est d'autant plus compréhensible que les facteurs contextuels et structurels sont largement inaccessibles à l'intervention («il n'y a pas de solution à la pauvreté»); il ne reste que les interventions auprès des personnes elles-mêmes.

La première série d'entrevues est ainsi centrée essentiellement sur les actions des institutions et des organismes au Complexe les Riverains et au centre-ville. Parmi l'ensemble des actions, il peut surprendre au premier abord de constater la grande importance accordée par les trois gestionnaires d'HLM aux objectifs sociaux — «améliorer la qualité de vie et l'intégration sociale et économique des locataires», aider les résidants à «se sortir de leur mauvaise situation», favoriser leur «prise en charge», «créer un milieu propice à l'épanouissement des locataires». Ce sont autant d'objectifs qu'on attribuerait plus facilement à des intervenants sociaux comme ceux des organismes communautaires et du CLSC. Cette philosophie de « gestion sociale » amène les trois gestionnaires de HLM à accorder une grande importance à l'écoute des locataires, au dépistage des problèmes, à l'animation et à l'« éducation », à « canaliser les gens vers les ressources », à « crier et aller chercher de l'aide », au rôle d'incitateur, à l'encouragement et au soutien des groupes communautaires du Complexe.

Parmi ces actions, l'objectif de « prise en charge » des locataires — dans le sens d'auto-prise en charge — occupe une place centrale. Les gestionnaires du Complexe font référence à la fois à la prise en charge individuelle pour « se sortir de leur mauvaise situation » — en se trouvant un emploi par exemple — et à la prise en charge collective des problèmes par l'ensemble des locataires et les organismes communautaires. Comme l'affirme l'un d'eux : « à la place que ce soit [le Complexe les Riverains] qui organise les locataires, c'est les locataires qui s'organisent entre eux », les administrateurs jouant le rôle de « bougie d'allumage » et de facilitateurs plutôt que celui d'« organisateurs ». En conséquence, l'administration (selon les administrateurs) soutient les organismes communautaires, leur fournit des locaux, appuie leur concertation et leur structuration et encourage leurs actions. Elle détecte les problèmes le plus vite possible et fait en sorte que la solution vienne des locataires qui vivent le problème, en se regroupant et en faisant appel aux ressources du milieu car « la solution est toujours à l'intérieur des gens ». Le magasin du centre d'aide aux familles et le projet des jeunes sont cités comme des exemples de cette prise en charge. Dans les autres HLM montréalais, l'organisme municipal responsable met en œuvre une approche similaire (dite de « développement communautaire »), qui vise à aider les locataires à répondre aux besoins et aux difficultés qu'ils rencontrent en partenariat avec les organismes du milieu.

Les organismes communautaires du Complexe les Riverains partagent manifestement cet objectif de prise en charge, l'origine de l'Association des locataires et sa mission se fondant sur le désir des locataires de « se prendre en mains » et de mieux « contrôler leur vie », notamment en regard des autres acteurs comme l'administration. Leurs objectifs généraux rejoignent ceux des gestionnaires du Complexe et sont également ambitieux, visant l'amélioration des conditions de vie des locataires. Le CLSC partage aussi ces objectifs généraux et la stratégie de la prise en charge. En effet, que ce soit pour le maintien à domicile des personnes âgées, la santé et le développement des enfants, le soutien apporté aux jeunes dans leur recherche d'emploi, ou l'amélioration de la situation des familles, la prise en charge individuelle et collective constitue pour le CLSC un objectif et une stratégie d'action.

Ces objectifs ne sont pas sans soulever certaines interrogations. Devant l'ampleur du phénomène de pauvreté au Complexe les Riverains et le caractère «structurel» des difficultés identifiées, on s'inquiète devant la faiblesse des moyens des organismes communautaires, la précarité de leur financement, la difficulté à mobiliser les résidants et à recruter une relève. Les moyens des gestionnaires, selon leur propre évaluation, sont aussi limités, leurs budgets ayant été réduits. De plus, ils sont tenus d'appliquer les règlements québécois du logement social en vigueur malgré leurs effets indésirables. Mêmes limites de moyens chez les gestionnaires du CLSC — par exemple, on mentionne le peu de moyens dont disposent les projets d'organisation communautaire comme celui sur l'emploi. À ce propos, le bilan des «vingt dernières années de luttes» de l'Association des locataires, dressé par une de ses pionnières, invite au réalisme et à la modestie: «on a évité des catastrophes, des désastres mais on ne fait que commencer à construire quelque chose».

Une seconde interrogation surgit à l'examen des actions des organismes en lien avec la pauvreté. Un gestionnaire du CLSC précise les limites de son institution à cet égard: le CLSC «n'a pas de solution au problème de la pauvreté» et il ne peut s'attaquer «seul» aux problèmes «structurels» qui confrontent la population du Complexe — se rapportant aux règlements du logement social, à l'environnement social du centre-ville, à l'absence de services de base pour les familles, aux barrières à l'emploi, à l'absence de conditions d'intégration des immigrants. Même si les entrevues décrivent les nombreuses actions respectives des institutions et des organismes, rares sont les actions concertées sur la pauvreté au Complexe les Riverains. Les collaborations se limitent aux activités et aux organismes internes — les organismes communautaires et l'administration — et aux projets d'organisation communautaire du CLSC.

Cette situation n'est sans doute pas étrangère aux constats que font les informateurs de la faiblesse du tissu social, du peu d'organismes communautaires au centre-ville et de la faiblesse du sentiment d'appartenance au quartier. On peut penser que la raison d'être des institutions rejointes, définie selon des mandats spécialisés (santé-services sociaux, logement, revenu-emploi, ordre public), n'aide pas à l'émergence d'une vision du phénomène comme tel de la pauvreté au centre-ville et d'une volonté d'action locale plus large, voire concertée, en vue de le contrer. Dans les faits, la pauvreté de la population du Complexe et du centre-ville ne semble relever du mandat spécifique d'aucune des cinq institutions interrogées même si elle les concerne toutes par un volet particulier — aide au logement, aide au revenu, aide à l'emploi, services de santé, services sociaux, ordre public.

De surcroît, même si plusieurs responsables affirment poursuivre des objectifs similaires, il semble que les effets de leurs actions sur le terrain n'aillent pas toujours dans la même direction. Ainsi, malgré le fait que les administrateurs du Complexe et l'organisme responsable de l'administration de l'aide sociale sur le territoire viennent tous les deux en aide à quelques centaines des ménages au Complexe les Riverains — en fournissant un logement à prix modique, une aide financière de dernier recours et du soutien pour se trouver un emploi —, dans l'accès aux programmes d'employabilité, on privilégie les personnes qui ont le plus de chances de se trouver rapidement du travail — notamment celles qui viennent de perdre leur emploi et qui ont une formation adéquate —, ce qui ne semble pas être le cas de la plupart des locataires en HLM.

Par ailleurs, le CLSC et les organismes communautaires du Complexe les Riverains investissent beaucoup d'énergie de concert avec les locataires dans un projet d'emploi local. Or, parmi les obstacles qu'ils disent rencontrer se trouvent les règles du logement social et de la sécurité du revenu qui n'incitent pas à l'emploi — à cause des répercussions en termes d'augmentation du loyer et de coupure ou de baisse de l'aide financière. C'est ainsi qu'un résidant en situation financière précaire peut vivre la démarche vers l'emploi comme un saut dans le vide de l'insécurité. Même si la plupart des responsables déplorent les effets pervers de ces différentes règles, aucun ne propose d'actions concrètes à ce sujet. En outre, les propos de certains gestionnaires sur la spécificité de la mission de leur institution — telle que définie par la loi et les règlements provinciaux et régionaux — et sur l'approche de la population du Complexe les Riverains comme « une adresse comme les autres » laissent présumer qu'une action locale concertée auprès d'une population d'un secteur géographique comme le Complexe les Riverains ne va pas de soi.

La stratégie de cibler une population spécifique comme celle du Complexe les Riverains fait l'objet d'avis divergents parmi les responsables. Ainsi, de la part des informateurs du CLSC, les entrevues font ressortir deux approches stratégiques différentes. La première retient l'utilité d'une action décrite comme celle auprès des familles multiethniques du Complexe, une population caractérisée par sa grande pauvreté et par sa situation peu viable d'habiter un « lieu à problèmes ». Elle privilégie la démarche proactive susceptible de rejoindre les locataires dans leur milieu et à faciliter l'expression de leurs besoins et l'utilisation des services. Cette stratégie est fondée sur le constat que les gens les plus démunis, comme les personnes itinérantes, n'ont pas tendance à chercher de l'aide même s'ils ont un problème. Elle vise à réduire la distance entre le CLSC et la clientèle la plus pauvre et la plus isolée, à mieux connaître ses besoins, à gagner sa confiance, à améliorer l'accès aux services et à favoriser la continuité de l'intervention. Le fait que la population du Complexe représente une proportion importante des familles du centre-ville peut renforcer ce choix stratégique.

À l'inverse, selon la deuxième position, on prône le « volontariat » et la persuasion des familles afin de les amener à utiliser les services offerts. Selon cette perception, la population du Complexe les Riverains ne constitue qu'une partie de la population d'un territoire plus large caractérisé dans son ensemble par la pauvreté. Un responsable ajoute que le fait de mettre en priorité une population comme celle du Complexe contribue à « cristalliser » davantage la situation de pauvreté et à « stigmatiser » encore plus cette population. Ce problème de stratégie soulève des interrogations quant à la marge de manœuvre dont dispose un CLSC pour adapter ses programmes aux populations de son territoire, quant à la possibilité d'opter pour une approche plus globale par milieu de vie plutôt que par catégorie de clientèle, et quant à la pertinence pour le CLSC de formuler des priorités d'action locale.

En plus de ces actions en cours, les responsables mettent de l'avant trois priorités d'action future en vue de contrer la pauvreté de la population du Complexe les Riverains. En premier lieu, les administrateurs de ce complexe, le représentant de l'organisme municipal responsable des HLM, les responsables des organismes communautaires rencontrés et une partie des personnes interviewées du CLSC proposent une modification des règlements du logement social afin de favoriser la « mixité sociale » — c'est-à-dire, la présence accrue de personnes en emploi dans les HLM — et de faciliter l'accès à un travail rémunéré pour ceux qui n'en ont pas. Selon ces responsables, la concentration de 1665 résidants parmi les plus démunis sur un même site au cœur du centre-ville constitue un problème majeur. Ce milieu de vie ségrégué au plan social — que certains se représentent comme un ghetto — résulte des règlements du logement social et représente l'antithèse d'un milieu propice à l'épanouissement des locataires, en particulier des familles avec enfants. Se référant à l'ensemble des mesures gouvernementales, certains déplorent le « système » comme un « cercle vicieux » qui permet aux gens d'avoir un toit, de l'aide financière et des services. Ces services leur permettent de « survivre » mais ne leur offrent pas la chance de s'en sortir, de s'intégrer à l'emploi et de participer à la vie sociale. À cette piste d'action s'en ajoutent deux autres. La première — formulée par les gestionnaires du Complexe les Riverains et du CLSC — prône l'intégration des résidants du Complexe au quartier ou le décloisonnement de cette population ; la deuxième — proposée par les responsables des organismes communautaires œuvrant à l'intérieur du Complexe — préconise le maintien de la vocation de ce complexe d'HLM au-delà de la fin de l'entente fédérale-municipale en 2009.

Cette dernière préoccupation va dans la même direction qu'une autre piste d'action formulée par les responsables, soit l'amélioration de l'environnement du centre-ville et le développement des équipements et des services de base pour en faire un milieu favorable à l'épanouissement des familles. Comme l'affirme un gestionnaire : « si on veut revitaliser le centre-ville, si on veut faire revivre les familles dans le centre-ville et qu'on le fait indirectement par le biais des logements sociaux, bien il faut s'assurer que l'équipement de base, de la survie et de l'évolution des familles soit présent. » Ces propos sont ceux d'un responsable du CLSC, mais ils recoupent ceux des responsables des organismes communautaires, des administrateurs du Complexe les Riverains et d'autres informateurs du CLSC.

Enfin, la troisième grande priorité des responsables pour l'avenir consiste à atteindre l'objectif de « prise en charge » individuelle et collective par les locataires. Cette préoccupation centrale est formulée par les gestionnaires du Complexe, des organismes communautaires et du CLSC respectivement. Les responsables visent ainsi à ce que les résidants du Complexe réagissent aux problèmes qui les ont conduits à la pauvreté (et au Complexe lui-même) et trouvent des voies de sortie ou d'amélioration de leur situation personnelle. On souhaite aussi que les résidants s'impliquent dans les organismes communautaires actifs à l'intérieur du Complexe, qu'ils en assument « la relève » et que ces organismes prennent l'initiative de démarches collectives en vue de régler les problèmes rencontrés. On relie cette piste d'action au mal à corriger, soit la dépendance des locataires déplorée par certains responsables — faisant référence à « une mentalité de pauvre », « une culture d'être assisté », « une mentalité de survivance » et à la passivité et l'attentisme de locataires qui ont « l'habitude de se fier [aux administrateurs] » pour s'occuper des problèmes.

Les intervenants du domaine de l'individuel

Les quinze intervenants en individuel du CLSC font aussi ressortir la situation de pauvreté des personnes habitant le centre-ville et tout particulièrement le Complexe les Riverains. De leur discours sur les conditions d'intervention se dégage le profil d'une population diversifiée, composée de personnes avec des maladies physiques et mentales, de Québécois de souche, de couples d'immigrants récents ayant de jeunes enfants, de familles monoparentales, de personnes seules, de prestataires de la sécurité du revenu, de personnes âgées dépendantes de la pension de vieillesse ou de personnes ayant besoin du supplément d'aide sociale pour combler le déficit de revenu. Ces catégories, souvent dépendantes de l'aide gouvernementale et des « béquilles » mises en place par les organismes communautaires, sont confrontées à des situations de « fragilité », de « tiraillement », de « survie » et d'affronts à la « dignité humaine » susceptibles d'hypothéquer l'avenir des plus jeunes et ayant des effets préjudiciables sur les adolescents.

Toutefois, le centre-ville n'est pas seulement décrit comme le creuset des indicateurs d'exclusion et de diverses formes de pauvreté. De l'opinion d'une infirmière en Enfance-Famille et d'une auxiliaire familiale, il est aussi «plein» d'individus disposant de «potentialités» pour s'en tirer, et offre des avantages comme la proximité des services de transport, des soins de santé, des lieux d'approvisionnement et de loisirs. En outre, le centre-ville serait un lieu traversé par de profondes contradictions sociales, avec la présence, sur le même territoire, d'une large population au chômage, vivant des seules allocations gouvernementales et d'une classe professionnelle disposant de gros revenus et propriétaires de leur maison.

Les intervenants en individuel du CLSC cherchent à alléger la situation de pauvreté et d'exclusion au centre-ville en s'appuyant sur un éventail de programmes et de services englobant, entre autres, les soins de santé de première ligne, les visites à domicile, la protection des enfants contre la violence et la négligence, les suivis psychosociaux, l'ergothérapie, les ressources collectives de logement, de vêtements, d'alimentation et d'autres types d'aide matérielle. Même si le langage de la pauvreté teinte le discours de tous les intervenants interrogés, on peut identifier des perceptions et des stratégies divergentes.

La cohabitation, au Complexe les Riverains, de «personnes de souche» — francophones et anglophones — et d'autres personnes provenant de 67 pays différents, est perçue de manière différente par les intervenants. Une première perception part de la grande diversité de la population selon l'origine pour fusionner ces éléments de différenciation dans la condition même de pauvreté. Selon cette perception, on compare le Complexe à «un lieu de promiscuité» où les gens ressentent tous les mêmes besoins mais refusent de se prendre en mains, un lieu où «il n'existe rien ou personne qui remet en question les mœurs, les valeurs, le quotidien». Cette perception normative reprend à son compte plusieurs des thèses actuellement en vogue dans la lecture néolibérale de la pauvreté. Par exemple, un des répondants qui présentent cette façon de voir la pauvreté, suggère «qu'il ne faut pas se fixer de trop grands objectifs, on ne les atteindrait pas. Il faut faire avec les moyens du bord. Les gens sont pris dans leurs habitudes, ils ne veulent pas vraiment s'en sortir, il ne faut pas vouloir plus qu'eux.» Selon cette vision, «les inaptitudes», «les attitudes irresponsables» et «les différences de valeurs» individuelles sont considérées comme les premiers facteurs explicatifs de la pauvreté.

En contrepartie, il y a un autre type de perception selon lequel on analyse la situation des individus à la lumière des désavantages et problèmes auxquels ils sont confrontés. Pris en étau par une université en pleine expansion et des grandes tours de bureaux et d'espaces commerciaux qui leur sont souvent inaccessibles, ces derniers se retrouvent «dans du béton tout autour, tout seuls et sans citoyenneté», mis à part la «citoyenneté qui appartient au [Complexe les Riverains]». Dans cette perspective, certains intervenants font ressortir les «conditions effrayantes d'existence» des résidants en faisant le lien entre leur situation individuelle et les conditions environnementales ou, plus simplement, à «ce qu'il y a tout autour». La pauvreté elle-même apparaît trop complexe pour être circonscrite avec précision: «Expliquer la pauvreté, maintient un intervenant, ce n'est pas évident. [...] Ce n'est pas juste qu'ils n'ont pas l'argent [...] c'est plus que financier, c'est culturel, c'est à maints niveaux.»

Cette vision plus contextuelle et moins normative repose sur la considération des dynamiques du quotidien, c'est-à-dire, sur les expériences vécues au niveau individuel et collectif. Le maintien dans la pauvreté est théorisé en termes d'obstacles et de contraintes. Dans le cas spécifique des résidants du Complexe les Riverains, on signale le chômage, le manque de services adéquats, le sous-développement des structures collectives comme les haltes-garderies, les lieux de rencontre pour les mères seules et les lieux de loisirs pour les jeunes adolescents, tout en y ajoutant les contraintes associées au fait de vivre dans un logement social et d'avoir le statut précaire de prestataire d'aide sociale.

Les intervenants ont ainsi des visions différentes de la pauvreté que nous recoupons en deux catégories: la vision normative et la vision contextuelle. Il semble y avoir un lien entre ces différentes visions de la pauvreté et la nature des contacts qu'a l'intervenant avec les individus, ou son engagement dans le milieu. Par exemple, les intervenants allant à domicile, tout particulièrement les auxiliaires familiales et sociales rencontrées, semblent être plus enclins à décrire des «situations» de pauvreté et à adopter une perspective ancrée dans l'expérience quotidienne, qu'à se référer à des considérations de type normatif.

Sous un autre plan, les intervenants se trouvent eux-mêmes confrontés à des contraintes qu'ils identifient comme le caractère pluriel et vulnérable de la clientèle, la dynamique interne du CLSC, les conditions de travail inadéquates, la charge de travail assumée et, enfin, le manque de ressources et de services adaptés aux besoins de la clientèle. Selon une intervenante, l'organisation même du CLSC autour des notions de « problèmes » et de « clientèles-types » représente un défi pour la pleine réalisation des mandats. Elle interdit le développement d'une approche holistique des problèmes rencontrés et facilite la mise en place de rapports de travail hiérarchisés et l'émergence de secteurs ou espaces d'intervention que les différentes catégories professionnelles peuvent chercher à protéger. Combinée à une certaine rigidité institutionnelle, une telle segmentation n'impose pas seulement une vue étroite et technique de l'intervention, mais elle peut « paralyser » l'action, limitant la capacité du CLSC de « réagir rapidement ». De l'avis d'une autre intervenante, la division rigide du travail empêche la communication entre les intervenants et gêne la circulation des informations et le partage des expériences.

Aux yeux de la majorité des intervenants interrogés, surmonter de telles contraintes et améliorer la situation des individus vivant dans la pauvreté nécessitent une plus grande allocation de ressources, définies en termes économiques et humains, et de temps suffisant pour bien traiter les dossiers et assurer un « suivi convenable ». D'autres proposent un renouvellement des pratiques d'intervention conçu selon deux grands axes. D'abord, le CLSC doit essayer d'apporter plus de soutien aux « bénéficiaires » pour développer leurs propres réseaux d'entraide. Œuvrer au renforcement des structures collectives contribuera non seulement à faciliter la participation des gens à la mise en place des moyens d'action, mais aussi à développer un meilleur esprit de collaboration entre les intervenants et les gens du milieu. Il s'agit ensuite de développer une meilleure collaboration entre les différents « services » internes du CLSC, ainsi qu'entre les diverses catégories d'intervenants sociaux. Plusieurs personnes interrogées voudraient que soit redonnée une place significative à la prévention, alors que d'autres plaident en faveur d'une meilleure articulation entre l'individuel et le communautaire.

Du point de vue général, aider les gens à sortir de la pauvreté implique autre chose que la conception de programmes ou l'offre de nouveaux services. Il importe de renouveler la manière de voir, d'analyser et d'aborder les problèmes rencontrés. Pour un intervenant, par exemple, il faut reconnaître davantage l'aspect «social» plutôt qu'individuel des problèmes afin d'«aller plus loin». Pour plusieurs, l'effort d'élaborer des pistes de solution n'évacue pas la frustration de sentir qu'ils n'ont ni les moyens ni le mandat de changer la situation: «on est devant quelque chose, on le sait qu'il faut faire de quoi, mais on n'a pas ce qu'il faut pour le faire».

Ces frustrations se transforment en sentiment d'impuissance chez des intervenants qui se sentent dépassés par l'ampleur du problème de la pauvreté au centre-ville. Une infirmière et une auxiliaire familiale s'avouent incapables de suggérer une quelconque voie d'amélioration. Elles maintiennent qu'étant donné la multiplicité de demandes auxquelles elles doivent répondre, les maigres moyens dont elles disposent ne peuvent fournir une alternative ou une solution. Partageant ce point de vue, une travailleuse sociale en MAD reconnaît qu'«on n'a pas grand-chose à donner», sinon «établir le contact et de se montrer à l'écoute de la réalité». Elle trouve déjà «admirable» que, tout en étant eux-mêmes «conscients qu'il n'y aura pas de changement», les gens se montrent «reconnaissants d'être écoutés dans leur pauvreté». Elle maintient qu'étant soumis à des contraintes de type institutionnel, économique, politique et social, les intervenants sont «très limités» dans ce qu'ils peuvent faire ensemble pour apporter aux gens «un petit quelque chose» dans leur quotidien.

Quant au système en tant que tel (qu'elle décrit comme étant la «grosse chose»)[1], cette intervenante se demande si on est sur la bonne voie. Les structures mises en place peuvent-elles permettre d'atteindre les objectifs fixés? N'y a-t-il pas moyen de procéder autrement? Sa vision des choses, conclut-elle, n'est ni «idéaliste» ni «pessimiste» ni «utopiste», mais «réaliste». La pauvreté est un problème complexe qui va toujours exister sous une forme ou une autre. Le pire pour un inter-

---

1. Le langage du «petit quelque chose» et de «la grosse chose» traduit, chez l'intervenante, la volonté de voir les personnes auprès desquelles elle intervient non seulement comme des individus ayant des besoins mais aussi comme «des gens, des êtres humains». Ce langage lui permet en même temps d'exprimer ses limites et son impuissance face au système. Pour elle, l'important reste de travailler au niveau individuel, d'offrir une présence active et transparente capable de «garder les gens en équilibre, de les rassurer».

venant, pense-t-elle, ce serait d'évaluer la situation des gens en fonction de ses propres besoins et de l'interpréter à la lumière de son propre système de valeurs, au lieu d'aider ces derniers « à mieux s'organiser pour devenir moins dépendants du système » et de « donner à ceux qui sont déjà organisés les moyens d'aider leurs pairs ».

Ce point de vue fait écho au scepticisme d'un médecin quant à la croyance que le CLSC en général et ses « collègues » en particulier disposent du « pouvoir d'influence » pour changer la société ou, plus simplement, pour améliorer la situation du centre-ville. Selon lui, les intervenants sont aussi impuissants que les personnes vivant en situation de pauvreté. Enfin, personne ne résume mieux l'ensemble de ces frustrations qu'une auxiliaire familiale. Celle-ci suggère que, dans le travail d'intervention, se rencontrent deux solitudes (celle du bénéficiaire et celle de l'intervenant) et deux impuissances (celle du bénéficiaire confronté à des difficultés qui peuvent paraître insurmontables et celle de l'intervenant qui doit aider ce bénéficiaire à surmonter ses difficultés, mais qui manque les moyens nécessaires pour le faire).

L'intervention communautaire

L'action des organisateurs communautaires sur la pauvreté se concrétise dans de nombreux projets réalisés par les différents programmes de services du CLSC. Les intervenants partagent des perceptions communes de la pauvreté, cependant leurs actions varient selon les logiques et les objectifs des programmes auxquels ils appartiennent. Le fait d'avoir regroupé les entrevues des organisateurs communautaires ne doit pas faire oublier que, sauf une exception, chaque organisateur communautaire fait partie d'une équipe multidisciplinaire composée de cliniciens du social et de la santé et il réalise ses interventions de façon indépendante des autres organisateurs communautaires. Autrement dit, le portrait de l'intervention communautaire présenté n'est pas le produit d'un collectif de travail d'organisateurs communautaires et il ne découle pas d'un plan d'intervention de l'établissement en vue de contrer la pauvreté. Les entrevues permettent cependant de dresser un inventaire et de mieux connaître les projets ou les « dossiers » d'organisation communautaire touchant la pauvreté réalisés par le CLSC.

De façon générale, les différents programmes ciblent les populations les plus démunies — les jeunes de la rue, les adultes aux prises avec divers problèmes sociaux et de santé qui ne peuvent se loger sur le marché privé, les gens qui dépendent de l'aide alimentaire, les familles monoparentales et immigrantes, les gens sans emploi. Les champs d'intervention concernent le plus souvent la réponse à leurs besoins de base comme la nourriture, le logement, les services d'entretien ménager, un lieu d'accueil pour les personnes psychiatrisées et le soutien aux mères enceintes et aux familles défavorisées. Les projets se réalisent en continuité avec l'intervention clinique du programme : mise en application de programmes gouvernementaux destinés aux familles, animation de tables de concertation sectorielles, mise sur pied de services complémentaires à ceux offerts par le programme, soutien aux organismes communautaires répondant aux besoins primaires de la population.

L'intervention communautaire des différents programmes du CLSC poursuit plusieurs types d'objectifs : améliorer les services offerts à la clientèle, rejoindre un plus grand nombre de gens défavorisés, atténuer les effets de la pauvreté (nourriture, logement, camps de vacances, etc.), améliorer la qualité de vie des populations. Les organisateurs communautaires interviennent le plus souvent auprès des membres des conseils d'administration, des militants et des permanents des organismes communautaires du territoire. Ils visent à les aider à consolider leur fonctionnement (organisation, financement, etc.), à améliorer leur capacité de répondre aux besoins de services des groupes desservis et à mener leurs revendications en vue d'améliorer le sort de la population.

Les intervenants se disent conscients des limites de leurs actions. Leur travail se situe dans un environnement sociopolitique et économique plus large axé sur d'autres priorités et dans un établissement valorisant peu la démarche proactive en vue de contrer la pauvreté. Certains se disent sceptiques de la volonté de l'État de « lutter contre la pauvreté ». En conséquence, ils soutiennent plutôt des « petites actions », des ressources « alternatives » ou des solutions locales des groupes et des individus du territoire dans l'attente des changements profonds dans les politiques sociales qu'ils souhaitent. De façon générale, ils sont assez sévères sur l'impact de leur action, déplorant le fait qu'ils ne rejoignent qu'un nombre limité de personnes et qu'ils n'ont qu'un impact modeste, à la mesure des moyens dont disposent les organismes communautaires avec lesquels ils travaillent.

Parmi les projets, les quatre réalisés au Complexe les Riverains sont présentés d'emblée comme des actions s'inscrivant dans une lutte contre la pauvreté au centre-ville. Ils se situent en continuité du mandat donné à l'équipe d'organisation communautaire par l'ex-CLSC Centre-Ville de développer un projet de lutte à la pauvreté au centre-ville et de la démarche de réflexion subséquente de l'équipe. Ils s'inspirent d'une approche de développement local qui se veut une action globale, intersectorielle et d'auto-prise en charge de la communauté « locale ». Les organisateurs communautaires disent mettre l'accent sur l'objectif de redonner du pouvoir aux gens et à la communauté (*empowerment*), sur la participation des premiers intéressés et sur la prise en charge, de même que sur les enjeux de l'emploi, des jeunes et des familles. Leur intervention s'effectue directement auprès des résidants ciblés — les jeunes, les gens en recherche d'emploi, les familles — afin de les mobiliser et de soutenir leur prise en charge de l'action. Globalement, il y a un sentiment de fragilité qui se dégage des entrevues. Les obstacles que les intervenants rencontrent autant auprès de la population qu'au CLSC soulèvent des interrogations sur la pérennité de leur action.

On constate dans le portrait des projets réalisés deux façons de voir la concertation. Elle est tantôt un objectif en elle-même, tantôt un moyen d'action parmi d'autres pour atteindre un objectif. Dans le cas des interventions auprès des tables de concertation, la concertation est présentée comme l'objectif de l'intervention. Celle-ci permet aux organismes membres d'échanger, de réfléchir ensemble, de planifier des services, de coordonner des actions et des stratégies, de définir des revendications, de se donner de la visibilité, de mener des actions politiques. Elle constitue la raison d'être de l'organisation ou de l'instance qu'est la table de concertation. Elle intègre les principaux acteurs du milieu, dont les institutions dans plusieurs cas. Elle est parfois mise de l'avant par les institutions publiques de planification, comme c'est le cas pour la Direction régionale de la santé publique avec son programme « Naître égaux, grandir en santé ». Par ailleurs, la concertation constitue pour d'autres organisateurs un moyen utilisé dans le cadre d'une action précise comme celle sur l'emploi au Complexe les Riverains. Dans le cadre de l'approche de développement local, l'appui d'acteurs influents et d'organismes du milieu sert d'outil pour influencer une décision ou pour réaliser une activité — par exemple, influencer un complexe de cinémas à réserver des emplois aux résidants du centre-ville ou aider les jeunes à préparer un curriculum vitæ — en vue d'atteindre les objectifs de l'action.

Après examen de l'ensemble des projets d'organisation communautaire du CLSC, la question de leur impact sur la pauvreté au centre-ville demeure ouverte. Dans quelle mesure les projets atteignent-ils leurs objectifs ? Dans quelle mesure ont-ils outillé les gens pour se sortir de la pauvreté ? Dans quelle mesure ont-ils apporté du mieux-être à la population du centre-ville et à celle du Complexe les Riverains en particulier ? On peut se demander également si les objectifs et les stratégies qui sont formulés par les programmes de services du CLSC sont en cohérence avec les besoins de la population et sont appropriés en vue de lutter adéquatement contre la pauvreté ? Quelle place les programmes et le CLSC font-ils à l'expertise concernant la situation locale et aux pistes de solution mises de l'avant par les organisateurs communautaires ?

Les entrevues posent aussi avec acuité les questions de la détermination de l'établissement d'œuvrer contre la pauvreté, des moyens mis en œuvre — entre autres, l'absence d'un plan d'action d'établissement en vue de contrer la pauvreté —, de l'appui de l'institution aux projets en cours, de l'autonomie et de la reconnaissance de l'organisation communautaire. En vertu de quelles finalités et de quelles priorités d'action se fait le choix des projets ou des dossiers en organisation communautaire et le choix des stratégies et des alliances ?

Les résidants en HLM

Des cinq profils de résidants identifiés dans le cadre de cette recherche se dégage une diversité de préoccupations — à la fois divergentes et convergentes — associées, entre autres, à l'âge, à l'état de santé, au fait d'avoir ou non des enfants à charge (ainsi qu'à l'âge et au nombre de ces enfants), à la compétence linguistique, à la formation, à l'expérience de travail, aux conditions de logement qui ont précédé l'arrivée en HLM, à la période de temps passée au centre-ville et au statut d'immigration. Nous avons voulu mettre l'accent sur ce que vivent ces personnes actuellement et sur ce qu'elles ont cherché à réaliser dans le passé — projets individuels ou familiaux en termes de logement, d'études, de travail, de loisirs, etc. — ainsi que sur les différents objectifs qu'elles ont pour l'avenir, objectifs qui peuvent être formulés plus ou moins explicitement.

Nous avons ainsi conçu nos interlocuteurs dès le début comme des acteurs au cœur de leur propre trajectoire, plutôt que comme des « clientèles », des « prestataires » ou « bénéficiaires » de l'aide sociale, des « pauvres », ou à travers d'autres concepts par le biais desquels on a tendance à représenter les personnes comme étant passives, ne faisant que se plier aux « parcours » conçus et imposés par d'autres ou « bénéficiant » de la largesse de ces derniers. Les entrevues renforcent ce constat qui découle de nos recherches antérieures. Quand on restitue les circonstances actuelles de vie des répondants dans leur trajectoire reconstruite, on voit une « logique d'action » qui tient aux intentions de ces personnes, à leurs ambitions, à leurs préoccupations pour leurs enfants ou parents âgés, à leur volonté de « s'en sortir », d'améliorer leurs conditions de vie, ou de simplement protéger ces conditions.

On voit aussi des contraintes qui leur sont imposées par leur environnement. Il y a, bien sûr, la drogue, dont le trafic semble avoir atteint, dans les trois dernières années, une intensité nouvelle. Même si certaines catégories de répondants semblent être plus affectées que d'autres — notamment les enfants, les adolescents, les jeunes mères de famille et les personnes âgées —, tous les répondants se disent préoccupés par la présence de ce trafic autour du Complexe les Riverains, et qui relève en grande partie de gens de l'extérieur qui viennent vendre, consommer et acheter sur les terrains. Ce sont surtout les jeunes qui risquent de tomber dans ce « trou » que représente le trafic de la drogue, mais d'autres catégories craignent la violence et les vols qui y sont associés. Ils peuvent aussi hésiter avant d'appeler la police, par crainte de représailles.

Mis à part ce trafic, qui reste en arrière-plan dans la plupart des trajectoires, plusieurs répondants de différentes catégories font part d'une autre contrainte relevant de leur environnement « social » et qui rend plus difficile la réalisation (et peut-être même, la formulation) de projets visant à améliorer leurs conditions de vie. Il s'agit de leur non-intégration dans des réseaux pouvant leur fournir les contacts ou les informations nécessaires pour réaliser ces projets (de travail ou d'études, par exemple). Dans le cas du répondant d'origine africaine, cette non-intégration dans des réseaux est vue comme le problème principal auquel il est confronté. Il est arrivé à la conclusion que la société fonctionne par réseaux et que les réseaux principaux lui sont fermés — toutes ses tentatives d'entrer sur le marché du travail en améliorant ses qualifications ayant échoué.

Les jeunes sont aussi particulièrement affectés par ce problème. Comme nous l'avons vu, le réseau familial ne donne accès en général qu'à des emplois au bas de l'échelle et n'est pas en mesure de fournir les informations nécessaires concernant les stratégies à suivre pour sortir de ces secteurs. Le jeune doit ainsi se débrouiller tout seul pour développer sa stratégie propre. Il peut, bien sûr, faire appel aux autorités scolaires — comme dans le cas d'un des répondants — et recevoir de l'aide et de l'encouragement des membres de son entourage immédiat, mais ces différents types de soutien peuvent difficilement compenser l'absence de modèles à suivre, de précédents ou de connaissances acquises (quant aux stratégies pour s'en sortir) parmi ses proches. Il faut dire que tous les jeunes rencontrés sont des immigrants (sauf une, qui est née au Canada de parents immigrés), et peuvent ainsi être confrontés à des problèmes supplémentaires en termes « d'intégration » à la société et à ses réseaux — leurs parents, par exemple, ayant été confrontés à la barrière de la langue ou, dans certains cas, à la discrimination. Il faut dire aussi que la consommation de drogue est également une question de réseau, « l'intégration » dans le réseau menant dans ce cas à un renfermement encore plus fort dans un espace de marginalité.

La non-intégration dans des réseaux pouvant fournir l'information, les modèles et les contacts nécessaires pour s'en sortir amène une dépendance accrue à l'égard des conseils d'experts et d'intervenants de différentes sortes, qu'il s'agisse des agents d'aide sociale, des travailleurs sociaux, des professeurs ou d'autres. Parfois, ces conseils permettent à la personne d'aller de l'avant dans un projet où elle est déjà engagée, ou de voir plus clair dans la formulation d'un projet, mais on peut aussi rencontrer des « modèles » préconstruits qui parfois semblent n'avoir aucun lien avec ce que vise la personne ou avec ce qu'elle a vécu antérieurement. Par exemple, l'exigence de retourner aux études à 40 ans pour compléter le secondaire, dans une langue qu'on maîtrise mal, afin de retourner faire l'entretien ménager qu'on a déjà fait pendant quatre ans auparavant, est un exemple frappant de ce type d'exigence/conseil fourni ou imposé par le « système » et qui relève de ses propres visées bureaucratiques de contrôle social. La répondante en question ne croit pas à l'utilité de ce parcours imposé et donc n'accepte pas sa légitimité, tout en étant obligée de le suivre. Il ne s'agit pas d'un manque de volonté de sa part, mais d'une « logique d'action » imposée par le système qui ne correspond pas à ce dont elle a besoin.

Mis à part ce problème de réseau (qui est en fait un problème d'« exclusion » dans le sens littéral de ce terme) et le risque conséquent de se voir imposer des parcours ou des projets par le réseau institutionnel, tous les répondants sont aussi confrontés à des contraintes économiques, malgré l'apport important que représente le fait de rester en HLM. C'est chez les familles avec de jeunes enfants que cet aspect ressort le plus — des mères avec enfants à charge qui ont de la difficulté à se rendre jusqu'à la fin du mois, à acheter des vêtements adéquats pour l'hiver, ou à remplacer des appareils électroménagers défectueux, par exemple. Pour plusieurs jeunes, le défi est non seulement de penser et de poursuivre un projet en termes de formation, mais de pouvoir concilier ce projet avec la nécessité de contribuer, en travaillant, aux dépenses de la famille.

Cette difficile conciliation travail/études est comparable à un autre problème qui se trouve dans la plupart de ces trajectoires. Dans l'expérience des répondants, les conditions de travail disponibles au bas de l'échelle ne sont pas suffisantes pour faire vivre une famille et sont souvent inconciliables (en termes d'horaires) avec l'exercice des responsabilités familiales. Ce sont ces conditions qui expliquent, dans la majorité des cas, l'arrivée en HLM et l'arrivée à l'aide sociale. Ce sont aussi ces mêmes conditions qui rendent difficilement réalisable tout projet de s'en sortir, quoique le fait de pouvoir maintenant garder l'allocation pour enfant tout en travaillant à bas revenu a permis à au moins une répondante d'accepter un tel travail. Quand on ajoute à ce problème celui de l'inflation des attentes en termes de diplômes, même pour occuper un emploi au bas de l'échelle, on peut voir jusqu'à quel point la capacité d'agir des répondants afin d'améliorer leurs conditions de vie rencontre des obstacles.

C'est par rapport à ces obstacles et à ces conditions que le trafic de drogue (et la consommation) peut être attirant pour un jeune. Le difficile accès aux ressources que la société a à offrir en termes de formation et d'emploi ne fait que rendre plus attirant l'argent en apparence facile qu'on peut faire en vendant de la drogue, sans qu'on aperçoive nécessairement l'engrenage que cela peut impliquer. Travailler le soir au salaire minimum pour payer des études qui ne vont peut-être pas déboucher sur grand-chose devient difficile quand ses amis se promènent avec des liasses de billets dans leurs poches, selon un des répondants. Ainsi, le problème omniprésent de ce trafic dans les entrevues ne met pas seulement en cause l'incapacité de la police (ou des gangs) à le contrôler «correctement», mais fait ressortir le terreau fertile pour ce trafic que constituent les conditions de vie des jeunes et leurs frustrations quant à l'avenir.

Dans tout cela, le Complexe les Riverains lui-même représente un atout. L'évaluation positive que font la plupart des répondants de leurs conditions de logement actuelles doit probablement être relativisée par le fait qu'ils avaient connu auparavant ce qui renvoie, peut-être, aux pires conditions que l'on puisse trouver sur le marché immobilier montréalais. Il reste cependant que résider en HLM et dans ce complexe constitue un réel soutien pour l'amélioration de leurs conditions de vie, quand beaucoup d'autres facteurs (telles les conditions offertes sur le marché du travail, par exemple, ou l'exclusion de réseaux donnant accès à des conditions de travail plus intéressantes) vont dans le sens contraire. C'est le même constat pour la vie au centre-ville. Le trafic de drogue, le bruit ambiant, le manque d'épiceries de grande surface sont peut-être autant d'«irritants» (le trafic de drogue étant en fait plus qu'un «irritant»), mais il reste que, pour la majorité, la vie au centre-ville a des avantages. Pour les personnes âgées et les personnes qui ont des problèmes de santé, les avantages sont surtout l'accessibilité des services de santé et des services sociaux — et la proximité du quartier chinois pour les personnes d'origine chinoise. Pour d'autres, le centre-ville se distingue et attire par son côté «vivant» et par tout ce qu'il a à offrir en termes de loisirs et d'activités.

Conclusion

Se libérer du regard

Pour la plupart des acteurs interviewés, la pauvreté se réfère à un manque de moyens matériels et financiers pour faire face à ses obligations. Plusieurs soulignent la « montagne de problèmes » auxquels sont confrontées les personnes et les familles vivant avec un minimum de moyens de même que les lacunes et les « effets pervers » des programmes d'aide existants — aide sociale, logement social, aide à l'intégration à l'emploi, programmes d'intégration des immigrants, services de santé, sociaux et communautaires de première ligne. Même s'ils reconnaissent l'effet bénéfique du logement social sur la qualité de vie et le budget des locataires, plusieurs, principalement les intervenants et les responsables d'organismes, dénoncent ses effets négatifs en termes de la ségrégation sur un même site — dans le cas du Complexe les Riverains — d'un aussi grand nombre de personnes et de familles très pauvres, notamment d'une forte majorité d'immigrants récents.

On dénonce aussi les barrières que dressent les règles de l'aide sociale et du logement social en regard de la réinsertion au travail et les lacunes de l'environnement social, des équipements et des services de base pour les résidants au centre-ville — particulièrement pour les familles. Les enjeux de la pauvreté au centre-ville sont aussi définis par plusieurs en termes de barrières à l'insertion sociale et professionnelle, de programmes d'aide qui condamnent à la survie et de l'adversité du milieu de vie considéré comme un « *no man's land* », un « tissu social faible », un « lieu des marginalités ». Pour la plupart des interviewés, l'emploi constitue une voie de sortie de la pauvreté et est difficilement accessible en raison de nombreuses barrières. Les résidants nomment les limites du réseau de contacts, de la formation académique et de la connaissance de la langue, des intervenants identifient le manque d'accès aux emplois locaux, l'absence de modèles, l'obligation pour les jeunes de quitter les études pour gagner leur vie.

Plusieurs soulignent également la faiblesse du contrôle que les personnes démunies exercent sur leur vie et sur leur environnement. Comme locataires du Complexe les Riverains, les résidants exercent peu de pouvoir sur leur logement et sur le complexe immobilier. L'ensemble des règles du logement social, de l'aide sociale, de l'aide à l'insertion à l'emploi, de l'aide à l'intégration des immigrants et de l'accès aux services de santé et sociaux sont définies par d'autres. Certains comparent la faiblesse du pouvoir des résidants du Complexe à la situation des résidants d'autres quartiers de la ville. On peut penser, par exemple, aux résidants du Vieux-Montréal qui représentent une population de même taille mais de pouvoir d'influence plus important. Certains soulignent la précarité financière permanente qu'entraînent le recours aux programmes d'aide et les différentes décisions des gouvernements : réformes, coupures de l'aide sociale, augmentation des frais de santé et de logement, répercussions de l'obtention d'un emploi sur l'aide au revenu et au logement, exigences à la hausse pour occuper un emploi, décisions sur le développement du centre-ville et l'avenir du Complexe les Riverains en 2009. Chacune de ces décisions se répercute sur le budget et la vie des personnes et des familles au bas de l'échelle et ajoute aux barrières auxquelles elles font face.

En regard de ces barrières, des projets et des besoins d'aide des résidants, notamment en ce qui concerne l'emploi, les institutions du centre-ville offrent chacune une aide spécialisée (revenu, logement, emploi, santé, services sociaux), mais aucune ne semble répondre spécifiquement aux besoins exprimés ni développer une approche d'ensemble face au phénomène majeur de la pauvreté au centre-ville. Pour plusieurs, ce ne serait pas leur mandat. En ce sens, cette recherche soulève la question des mandats et des finalités de l'action des organismes publics desservant les populations du centre-ville, celle d'une vision plus large du phénomène de la pauvreté, de l'action concertée, de l'adaptation des services aux besoins locaux et de la réponse concrète aux besoins exprimés par les personnes démunies en vue de s'en sortir. Elle soulève également la question de la finalité et de l'impact concret des politiques et des programmes gouvernementaux sur les résidants. Elle interpelle également la Ville de Montréal relativement au développement de la vocation résidentielle du centre-ville et à la place réservée aux populations plus démunies et aux familles dans ce développement.

Afin de surmonter ces différentes barrières, plusieurs intervenants et responsables d'organismes préconisent diverses pistes d'action sur les structures : changer les règles du logement social pour favoriser la mixité sociale, ajuster les règles du logement social et de l'aide sociale pour faciliter l'intégration à l'emploi, équiper le centre-ville des services de base pour les familles, faciliter l'accès des résidants aux emplois locaux, favoriser l'intégration sociale des locataires au quartier, soutenir les résidants dans leurs efforts d'entraide et d'action, donner du pouvoir aux résidants. Plusieurs de ces mesures interpellent l'État québécois et ses différentes politiques, d'autres, la Ville de Montréal et les institutions locales. Pour plusieurs, il est d'abord question de fournir suffisamment d'argent — pour permettre aux gens démunis de s'en sortir et diminuer le stress de la survie quotidienne — et de faciliter les études des jeunes et les démarches en vue de trouver de l'emploi. Certains intervenants préconisent l'adoption de nouvelles façons d'intervenir, de rapprocher les intervenants des personnes, d'adopter leur perspective et de les appuyer dans leurs démarches concrètes pour surmonter les barrières. Par exemple, répondre aux besoins reliés à l'emploi, à la mise en place de lieux de rencontre pour les personnes et de mécanismes d'entraide. Qui peut ou devrait prendre l'initiative de répondre à de tels besoins ? Une concertation locale des organismes en vue de lutter contre la pauvreté est-elle possible au centre-ville ?

Pour faire face aux barrières, plusieurs intervenants et responsables préconisent aussi la prise en charge individuelle et collective des locataires du Complexe les Riverains. Mais quel sens chacun y donne-t-il et quels moyens fournit-on aux résidants pour la permettre ? Compte tenu que la plupart des barrières sont structurelles — règlements du logement social, marché et intégration à l'emploi, aménagement du centre-ville — s'agit-il d'un appel à une action politique des résidants, s'agit-il de pensée magique ? Dans quelle mesure des gens mobilisés par leurs efforts quotidiens de survie et de sortie de la pauvreté et ne disposant que peu de poids politique peuvent-ils solutionner les problèmes de disponibilité d'emplois, d'environnement social au centre-ville ? Quels moyens pourrait-on fournir aux résidants et à leurs organisations pour soutenir leur action ?

Agir sur les barrières

Les statistiques et l'expérience des intervenants sont donc convergentes — la pauvreté augmente au centre-ville de Montréal. On y retrouve davantage d'itinérants, de « jeunes de la rue », de familles immigrées qui n'arrivent pas à pénétrer les réseaux qui leur permettraient de sortir de la marge, d'étudiants qui s'épuisent à payer leurs études, de personnes avec des problèmes de santé mentale. Des intervenants qui ont passé jusqu'à vingt ans sur le territoire n'en reviennent pas de cette augmentation de la pauvreté. À titre d'exemple, depuis un an ou deux, il y aurait un nombre croissant de personnes qui ne peuvent plus se payer le téléphone et d'autres, les médicaments, qui sont pourtant nécessaires pour les maintenir en santé. On se trouve de plus en plus face à des familles avec de multiples problèmes là où, auparavant, il n'y avait souvent qu'un seul problème à régler.

Face à cette situation, les intervenants se disent dépassés. Pénurie de ressources, surcharge de travail, manque de temps, absence d'appui de la part de l'institution et manque de plan collectif de lutte contre la pauvreté se combinent pour leur donner un sentiment d'impuissance, de tournage en rond, d'éternel recommencement. On se désespère face à l'impossibilité de mener la « guerre à la pauvreté », se limitant à des « petites actions » pour améliorer le quotidien. D'un côté, les personnes seraient difficiles à rejoindre, carencées, marquées par des problèmes de santé ou de motivation, de l'autre, il n'y aurait plus de volonté politique pour soutenir l'action. Le néolibéralisme et la « froideur des coupures » auraient relégué le problème de la pauvreté à l'arrière-plan, les pauvres n'étant plus que des « profiteurs du système ». On suggère aussi que les responsables d'organismes communautaires s'épuisent avec peu de ressources à répondre aux besoins croissants en termes d'aide alimentaire, de logement ou de soutien psychosocial.

Cette vision de la pauvreté croissante au centre-ville, qui est largement partagée par les intervenants rencontrés, s'accompagne de différents types d'explications quant aux « causes ». Intervenants et responsables sont largement d'accord sur certains problèmes « structurels ». Une des responsables de l'administration de l'aide sociale sur le territoire, souligne par exemple le fait que le salaire minimum ne permet plus à quelqu'un de subvenir aux besoins d'une famille, ce qui constitue une barrière pour ceux qui cherchent un emploi. Les responsables de l'application de la loi sur le logement social font ressortir aussi les obstacles que représentent différents aspects de cette loi — tel le non-plafonnement du loyer, la règle que des jeunes de 18 à 25 ans doivent contribuer au paiement de ce dernier et les règles de sélection qui empêchent la « mixité » dans les HLM (c'est-à-dire la présence d'autres catégories de la population que celles vivant au bas de l'échelle). D'autres intervenants parlent de l'exclusion des immigrants de la société québécoise, ainsi que des effets de la pauvreté sur la santé et donc sur la capacité d'action des populations concernées. On se réfère aussi à la « pauvreté environnementale » au centre-ville — le manque de verdure ou de « nature », la prostitution, l'insalubrité des lieux — comme étant autant de facteurs qui nuisent aux populations qui y demeurent.

À côté de ces explications de type plus « structurel » ou « contextuel » cependant, il y en a aussi qui mettent davantage la responsabilité sur les personnes elles-mêmes. Mis à part ceux qui, pour des raisons de santé, ne sont pas en mesure de « s'en sortir » ainsi que certaines familles immigrées qui sont considérées plus « débrouillardes », les résidants sont perçus par plusieurs comme manquant les ressources nécessaires pour devenir autonomes. Il peut s'agir d'un manque de formation, mais aussi d'un manque de motivation et d'ambition ou, selon les dires de certains, d'une absence d'un « sens des responsabilités » ou de « conscience sociale ». Ces personnes peuvent ainsi refuser de « bouger » ou de « se prendre en mains », d'où l'échec de l'intervention.

Il y a ici un paradoxe. Si, en gros, deux types d'explication se confrontent chez les intervenants et responsables quant aux causes de la pauvreté — un mettant l'accent sur les structures et le contexte et l'autre sur les carences des personnes — les deux peuvent se rejoindre en termes de solutions. La principale solution à la pauvreté qui est proposée de part et d'autre est de soutenir l'action des personnes pour qu'elles puissent s'en sortir, que ce soit individuellement ou collectivement. Quelle que soit l'explication fournie, le «problème» devient ainsi un problème d'action et l'obstacle principal, la capacité d'action des personnes.

Pour ceux qui expliquent la pauvreté principalement par les caractéristiques des personnes elles-mêmes, il n'y a pas de contradiction à penser que la solution réside dans le renforcement de la capacité des gens de se prendre en mains par le biais d'approches coercitives et comportementales. Pour les autres cependant — la majorité des intervenants et responsables rencontrés — qui mettent la responsabilité surtout sur des facteurs structurels et contextuels, l'accent mis sur la capacité d'action des gens eux-mêmes laisse peu de place aux contraintes structurelles ou institutionnelles auxquelles réfère leur explication. Ce sont les personnes elles-mêmes qui doivent assumer la responsabilité pour s'en sortir, tout en étant confrontées aux mêmes barrières structurelles qu'avant. C'est ici qu'on rencontre «l'éternel recommencement» ou les limites de toute intervention de type «curatif» quand il s'agit de lutter contre la pauvreté. Le problème réside dans les prémisses même d'une modalité d'intervention concevant le problème de la pauvreté comme en étant un d'inaptitude personnelle, et ceci, quelle que soit l'explication de cette «inaptitude». Même avec les meilleures intentions, on a tendance à intervenir pour aider la personne à surmonter ses «incompétences» considérées comme la cause principale ou immédiate de son échec.

Ce dernier constat nous met en présence d'une différence de point de vue non seulement parmi les intervenants eux-mêmes, mais aussi entre certains intervenants et les résidants du Complexe les Riverains rencontrés en entrevue. Les facteurs structurels et contextuels qui expliqueraient la pauvreté (selon la plupart des intervenants et responsables) se traduisent, dans les trajectoires de vie des résidants rencontrés, par des obstacles réels auxquels ils sont confrontés dans le quotidien. En plus, la pauvreté elle-même devient un obstacle à son tour, quelles qu'en soient les causes — que ce soit en termes de santé, d'alimentation, d'habillement ou de mobilité. Malgré ces obstacles, on ne se retrouve pas confronté (dans les trajectoires reconstruites) à des personnes abattues, soumises ou «sans but dans la vie», mais à des individus qui agissent, qui se débrouillent, qui contestent, qui parlent de leur frustration et colère (dans certains cas) et qui cherchent surtout à améliorer leur qualité de vie et celle de leurs enfants, le cas échéant. C'est ici qu'il y a une distance importante, sinon une contradiction, entre les perceptions de certains intervenants quant aux incapacités ou carences des personnes vivant dans la pauvreté et ce qui ressort des entrevues avec les résidants.

En regardant de plus près ces trajectoires de vie, on voit non pas des « incompétences » mais des capacités et du potentiel bloqués par les barrières que la société environnante érige à l'égard des personnes. Parmi ces barrières on retrouve le travail au bas de l'échelle — le « n'importe quoi » — qui ne fournit pas un revenu suffisant pour survivre et permet difficilement la conciliation travail/responsabilités familiales. On trouve aussi le manque d'intégration dans les réseaux qui donnent accès à d'autres types d'emploi, ou qui pourraient montrer la voie à suivre pour acquérir les qualifications nécessaires, ainsi que l'inflation des exigences en termes de scolarité et de compétences linguistiques qui renvoie des adultes sur les bancs d'école sans qu'ils en voient toujours la pertinence. C'est ici que certains types d'intervention, qui visent non seulement à soutenir l'action, mais qui le font en reconnaissant le potentiel des personnes et en ciblant des barrières auxquelles elles sont confrontées — comme dans le cas du Projet emploi — peuvent avoir du succès auprès des populations ciblées. Un tel type d'intervention est fonctionnel dans la mesure où il est fondé sur une bonne compréhension de ce que vivent les personnes et n'est pas imaginé par de lointains gestionnaires du social.

Les témoignages de ces répondants rejoignent ceux d'un échantillon aléatoire de personnes avec responsabilités familiales et ayant recours à l'aide sociale que nous avons rencontrées lors d'une recherche antérieure (McAll, White *et al.*, 1996; McAll, 1996). Ces personnes ne correspondent pas au stéréotype de ce qu'elles sont censées être, exerçant souvent seules des responsabilités familiales lourdes quand on projète sur elles l'« irresponsabilité », cherchant désespérément à poursuivre un projet de formation quand elles sont censées être « sans un but dans la vie ». Comme dans le cas du présent projet, les obstacles auxquels ces personnes sont confrontées relèvent souvent des intérêts et des agissements d'autres catégories d'acteur qui gèrent les ressources auxquelles elles cherchent à avoir accès. C'est ainsi que toute action efficace contre la pauvreté doit cibler ces obstacles et ceux qui les mettent en place. Ce n'est qu'à cette condition que le soutien apporté à l'action des personnes a du sens.

Il peut ainsi y avoir un problème dans la manière dont les personnes vivant dans la pauvreté sont perçues de l'«extérieur», un problème de regard. Il s'agit surtout d'une question de responsabilité. À une époque où on parle abondamment des «responsabilités» qu'ont les prestataires de la sécurité du revenu en contrepartie de leur «droit» à l'assistance publique, on entend parler beaucoup moins de la responsabilité des autres dans l'appauvrissement d'une partie de la population. On a tendance à faire reposer la responsabilité pour la «condition» de pauvreté elle-même et la responsabilité pour s'en sortir sur les mêmes épaules.

Si la perception qu'on a des capacités des personnes peut les renfermer dans une sorte d'incompétence présumée, la même sorte de renfermement peut se retrouver dans le regard qu'on jette sur les HLM eux-mêmes. Deux intervenants utilisent le mot «jungle» pour décrire le Complexe les Riverains; on parle aussi d'un «ghetto malsain», d'un «milieu fermé» sur lui-même. Mais selon qui existe-t-il ce ghetto? À quelques exceptions près, les résidants rencontrés ne partagent pas ce point de vue et ne perçoivent pas le Complexe comme un ghetto. Dans les mots d'une d'entre eux: «Si je reste dans un ghetto, je ne suis pas au courant». Ils habitent un ensemble résidentiel qui est souvent considéré supérieur à ce qu'ils ont connu sur le marché privé et qui est entouré d'arbres, d'espaces verts et de terrains de jeu. Ces logements leur apportent un soulagement important sur le plan financier et plusieurs parlent de leur sentiment d'appartenance, tout en appréciant la proximité du centre-ville et des services. Même si certains répondants parlent de problèmes dans la qualité des matériaux ou le manque d'espace, on est loin de retrouver la même perception du Complexe les Riverains de l'intérieur et de l'extérieur.

Une autre différence de regard concerne la cohabitation entre personnes d'origine ethnique ou nationale différente. Les jeunes insistent, contre vents et marées, qu'il n'y a pas de conflits ethniques dans ce complexe — tout en regrettant l'absence relative de familles d'origine québécoise « de souche ». Les adultes soulignent une certaine absence de rapports entre les différents groupes (surtout entre les « Québécois » et les autres), mais pas de conflits comme tels. Nous-mêmes, dans certaines de nos questions, avons présumé l'existence de tels conflits et nous retrouvons les mêmes prémisses chez certains intervenants. Ces résultats ne font que confirmer les conclusions de plusieurs recherches antérieures : ce n'est pas la « mixité » ethnique qui crée des conflits mais les rapports de pouvoir ou les rapports inégalitaires qui se servent de l'ethnicité pour se maintenir en place.

Il y a de plus une apparente différence de perception qui touche à ce que plusieurs résidants considèrent le problème principal au centre-ville — l'augmentation du trafic de drogues. Selon les administrateurs du Complexe et la police, ce problème existe mais est « sous contrôle ». Selon les résidants, cependant, ce trafic est de plus en plus « hors contrôle ». Certains se disent constamment menacés et intimidés, craignant d'appeler la police par peur de représailles. Les policiers nous ont dit effectivement qu'ils rencontrent souvent un « mur de silence » quand ils tentent de mener enquête au Complexe les Riverains et l'attribuent à l'expérience antérieure des immigrants dans des États policiers. Sans nier cette possibilité, il se peut que ce silence soit mal interprété ; il y a une différence entre un « mur » de silence et une « loi » de silence.

Finalement, et paradoxalement, ce « milieu fermé » qui est considéré par certains comme étant séparé de la trame urbaine, est en fait très ouvert sur le centre-ville, à un point tel qu'il est difficile de savoir, de l'extérieur, s'il s'agit de terrains publics ou privés, si on a le droit de passage ou pas. C'est ainsi que les étudiants du cégep viennent coloniser les pelouses du côté nord (malgré les arrosoirs pendant l'été qui cherchent à les éloigner) et les punks, le parc du côté sud. Cette présence est perçue comme une invasion par les résidants, mais ce n'est pas évident que les jeunes eux-mêmes ont le sentiment d'empiéter sur un terrain réservé. Encore une fois, s'il s'agit d'un milieu fermé, cette fermeture est davantage dans le regard que dans la disposition physique des lieux.

De part et d'autre on est prisonnier de ces regards multiples. Ceux qui ne voient qu'incompétence individuelle, incapacité d'action et renfermement dans un ghetto sont emprisonnés dans leur propre regard — le reflet de leur « point de vue » ; ceux qui sont l'objet de ce regard, que ce soit de la part des agents d'aide sociale, d'intervenants, d'employeurs, ou de simples passants, sont tout aussi emprisonnés. Pour reprendre le terme d'un des répondants, ils ne cherchent qu'à «se libérer» des contrôles exercés par d'autres. Les entrevues suggèrent qu'une vraie complicité et rapport de confiance dans la lutte contre la pauvreté ne peuvent se mettre en place que lorsqu'on arrive à se défaire de ces regards et à agir sur les barrières auxquelles sont confrontées les personnes — barrières dont elles sont les principaux témoins.

Ces barrières doivent être identifiées en lien avec l'expérience des différentes catégories de résidant, des différents «profils» dégagés dans les entrevues. Dans le regard extérieur, on a tendance à voir les résidants des HLM comme une catégorie homogène. Or, les enfants et adolescents, les jeunes de 18 à 25 ans, les mères avec enfants à charge, les personnes avec des problèmes de santé mentale ou physique, les personnes âgées, les personnes seules qui cherchent à rester actives sur le marché du travail marqué par la précarité, les familles immigrées avec des problèmes de langue et d'adaptation, sont autant de catégories différentes confrontées à des barrières et des problèmes particuliers. Leur rapport à leur lieu de résidence est aussi variable — lieu de transition pour les uns, lieu de permanence pour les autres (notamment pour les personnes âgées et pour celles qui ont des problèmes de santé). Changer la façon de voir ou «se libérer du regard» veut dire aussi tenir compte de cette diversité, de cette «mixité» déjà existante. D'ailleurs, dire — même avec la meilleure volonté du monde — qu'il y a un problème d'«absence de mixité» peut renforcer l'idée que tous ceux vivant dans la pauvreté sont pareils.

Bibliographie

ALEX-ASSENSOH, Yvette (1995). «Myths about Race and The Underclass: Concentrated Poverty and the 'Underclass' Behaviors, *Urban Affairs Review*, 3 (1), September, p. 3-9.

BOUCHAYER, F. (1994). «Une réalité sociale mouvante et complexe, des méthodes, d'approche et des cadres d'analyse multiformes» dans Françoise Bouchayer: *Trajectoires sociales et inégalités: Recherche sur les conditions de vie*, MIRE-INSEE, Paris, p. 15-24.

BAUMAN, J.F. (1987). *Public Housing, Race, and Renewal: Urban Planning in Philadelaphia, 1920-1974*, Philadelphie, Temple University Press.

BENNETT, Maisha B.H. (1988). «Afro-American Women, Poverty and Mental Health: A Social Essay», *Women and Health*, p. 213-228.

BICKFORD, A. et D.S. MASSEY (1991). «Segregation in the Second Ghetto: Racial and Ethnic Segregation in American Public Housing, 1977», *Social Forces*, 69, p. 1011-1038.

BOUFFARD, Danyel, Daniel HAINS, Fernand COURCHESNE, Pierre RICARD, Jean-Paul GRAVEL, Clément MERCIER et Nicole MARTIN (1997). *Pauvreté et CLSC: vers de nouveaux modes d'intervention*, Sherbrooke: CLSC-CHSLD du haut Saint-François et Université de Sherbrooke.

CASTEL, Robert (1994). «La dynamique des processus de marginalisation: de la vulnérabilité à la désaffiliation», *Cahiers de recherche sociologique*, 22, p. 11-27.

CASTEL, Robert (1991). «De l'indigence à l'exclusion: la désaffiliation» dans J. Donzelot (éd.): *Face à l'exclusion. Le modèle français*, Paris, Esprit, p. 137-168.

CHAMBERS, R. (1992). «Poverty in India: Concepts, research and reality» dans B. Harris, S. Guahn et R.H. Cassen (éds.): *Poverty in India: Research and Policy*, Bombay, Oxford University Press, p. 301-305.

CHILMAN, Catherine (1992). «Welfare Reform or Revision? The Family Support Act of 1988», *Social Service Review*, 66 (3), p. 349-377.

CHOPART, Jean-Noel (1995). «Évolution des travaux et des problématiques concernant la pauvreté et l'exclusion en France», *Lien social et Politiques,* 34, automne, p. 157-162.

COLIN, C., F. OUELLET, G. BOYER et C. MARTIN (1992). *Extrême pauvreté, maternité et santé,* Montréal, Éditions Saint-Martin.

COLIN, Christine, Jean-Pierre LAVOIE et Carole POULIN (1989). *Les Personnes défavorisées*, Québec, Les publications du Québec.

Conseil des relations interculturelles (1999). *L'Équité en emploi: de l'égalité de droit à l'égalité de fait*, Montréal.

Conseil national du bien-être social (1999). *Profil de la pauvreté 1997*, Ottawa.

Conseil national du bien-être social (2000). *Profil de la pauvreté 1998*, Ottawa.

DANSEREAU, Francine, Anne-Marie SÉGUIN et Daniel LEBLANC (1995). *La Cohabitation ethnique dans l'habitat social au Québec*, Rapport d'étude réalisé pour la Société d'habitation du Québec, INRS-Urbanisation.

DANZIGER, Sheldon (1988). «Introduction», *Focus*, 11 (1), printemps, p. 1-4.

FERLAND, Marc (1991). *Vivre sous le seuil de pauvreté au Québec: Profil de l'insuffisance du revenu par territoire de CLSC et par région socio-sanitaire*, Québec, MSSS.

FERLAND, M. et G. PAQUET (1994). «L'influence des facteurs sociaux sur la santé et le bien-être» dans V. Lemieux, P. Bergeron et G. Bélanger (éds.): *Le Système de santé au Québec: Organisations, acteurs et enjeux*, Québec, PUL, p. 53-72.

GAUTHIER, Madeleine (1995). «L'exclusion, une notion récurrente au Québec mais peu utilisée ailleurs en Amérique du Nord», *Lien social et Politiques*, 34, automne, p. 151-156.

Canada (1990). *La Santé, les soins de santé et l'assurance maladie*, Ottawa, Rapport du Conseil national du bien-être social.

HIRSCH, A.R. (1983). *Making the Second Ghetto: Race and Housing in Chicago, 1940-1960*, New York, Cambridge University Press.

JACCOUD, Mylène (1996). «Le droit, l'exclusion et les Autochtones», *Droit et société*

JACCOUD, Mylène (1995). «L'exclusion sociale et les Autochtones», *Lien social et Politiques,* 34, automne, p. 96-100.

JACCOUD, Mylène (1992). «Processus pénal et identitaires: le cas des Inuit au Nouveau Québec», *Sociologie et Sociétés*, XXIV (2), p. 25-43.

KASARDA, John (1989). «Urban Industrial Transition and The Underclass», *The Annals of The American Academy of Political and Social Science*, p. 26-47.

KEATING, D.P. et J. Frasier MUSTARD (1993). «Facteurs socioéconomiques et développement humain» dans Forum national sur la sécurité des familles (éd.): *La Sécurité des familles en période d'insécurité*, Ottawa, p. 101-123.

LANGLOIS, Johanne et Daniel FORTIN (1994). «Monoparentalité à chef féminin, pauvreté et santé mentale: état de la question», *Santé mentale au Québec*, XIX (1), 157-174.

LAVALLÉE, C. *et al.* (1995). *Aspects sociaux reliés à la santé, Rapport de l'Enquête sociale et de santé 1992-1993: Montréal*, Québec, MSSS.

LESEMANN, Frédéric (1989). «Les nouveaux visages de la pauvreté», *Santé mentale au Québec*, XIV (2), p. 114-119.

Bibliographie

LESEMANN, Frédéric et Pierre-Joseph ULYSSE (1995). « Welfare, Workfare et citoyenneté aux États-Unis », *Lien social et Politiques*, 34, automne, p. 55-62.

LISTER, Ruth (1990). *The Exclusive Society: Citizenship and the Poor*, Londres, Child Poverty Action Group.

LOGAN, J.R. et H.L. MELOTCH (1987). *Urban Fortunes: The Political Economy of Place*. Berkeley et Los Angeles, University of California Press.

MASSEY, Douglas S., Andrew B. GROSS et Kumiko SHIBUYA (1994). « Migration, Segregation, and the Geographic Concentration of Poverty », *American Sociological Review*, 59, juin, p. 425-445.

MASSEY Douglas S., Mitchell L. EDGERS et Nancy A. DENTON (1994). » Disentangling the Causes of Concentrated Urban Poverty », *International Journal of Group Tensions*, 24 (3), p. 267-316.

MASSEY, Douglas S. et Shawn M. KANAIAUPUNI (1993). « Public Housing and the Concentration of Poverty », *Social Science Quaterly*, 74 (1), p. 109-119.

MATZA, D. et H. MILLER (1976). « Poverty and Proletariat » dans R.K. Merton et R. Nisbet (éds.): *Contemporary Social Problems*, 4ᵉ éd., New York, Harcourt Brace Jovanovich.

MCALL, Christopher (1996). « L'aide sociale: ce que tout le monde sait mais que personne ne veut savoir », *Interface*, 17 (2), avril, p. 13-22.

MCALL, Christopher (1995). « Les murs de la cité: territoires d'exclusion et espaces de citoyenneté », *Lien social et Politiques*, 34, automne, p. 81-92.

MCALL, Christopher, Deena WHITE, Jean-Yves DESGAGNÉS, Madelyn FOURNIER, Christel Ann NORAZ, Lucie VILLENEUVE (1996). *Structures, systèmes et acteurs: Welfare et Workfare comme champs d'action sociale*, Rapport de recherche présenté au ministère des Ressources humaines, Canada.

MEAD, Lawrence (1991). « The New Politics of the New Policy », *The Public Interest*, printemps, p. 3-20.

MEAD, Lawrence (1989). « The Logic of Workfare: The Underclass and Work Policy », *The Annals of the American Academy of Political and Social Science*, p. 156-169.

MEAD, Lawrence (1986). *Beyond Entitlement: The Social Obligations of Citizenship*, New York, Free Press.

MORRIS, Michael et John WILLIAMSON (1987). « Workfare: The Poverty Dependence Trade-Off », *Social Policy*, été, p. 13-16.

MURRAY, Charles (1992). « Discussing Welfare Dependency Is Irrelevant », *Public Welfare*, printemps, p. 24-25.

MURRAY, Charles (1985). « Helping the poor: A Few Modest Proposals », *Commentary*, 79 (51), mai, p. 27-34.

MURRAY, Charles (1984). *Losing Ground: American Policy, 1950-1980*, New York, Basic Books.

PALIEL, Freda L. (1988). «Is Being Poor a Mental Health Hazard», *Women and Health*, p. 189-211.

PITROU Agnès *et al.* (1983). *Trajectoires professionnelles et stratégies familiales: le cas des employés de la Sécurité sociale et des Aides-Soignants*, C.N.R.S.

POWER, C., O. MANOR et J. FOX (1991). *Health and Class: The Early Years*, Londres, Chapman and Hall, p. 62-74.

Québec (1991). *Un Québec fou de ses enfants*, Rapport du Groupe de travail pour les jeunes, Québec, MSSS.

Québec (1992). *Politique de la Santé et du Bien-être*, Québec, MSSS.

ROBICHAUD, Jean-Bernard *et al.* (1994). *Les Liens entre la pauvreté et la santé mentale: de l'exclusion à l'équité*, Boucherville (Québec), Gaëtan Morin Éditeur.

ROCHE, Maurice (1992). *Rethinking Citizenship: Welfare, Ideology and Change in Modern Society*, Cambridge, Polity Press.

RRSSM (1995). *Priorités régionales, 1995-1998*, Montréal, RRSSM.

Santé et Société (1990). «Pauvreté et santé mentale», *Santé et Société*, 12 (2), p. 50-63.

SHEAK, Robert et David DABELKO (1991). «Conservative Welfare Reform Proposals and The Reality of Subemployment», *Journal of Sociology & Social Welfare*, 8 (1), p. 49-70.

TOBIN, James (1990). «The Poverty Problem», *Focus*, 12 (3), printemps, p. 6-7.

WACQUANT, Loïc J.D. et William Julius WILSON (1989). «The Cost of Racial and Class Exclusion in the Inner City», *The Annals of The American Academy of Political and Social Science*, 501, p. 182-192.

WARREN, R. (1994). *Richesse et santé, Santé et richesse*, Toronto, Conseil du premier ministre sur la santé, le bien-être et la justice sociale.

WILKINS, R. (1986). «Health Expectancy by Local Area in Montreal: A Summary of Findings», *Canadian Journal of Public Health*, 77, p. 216-220.

WILKINSON, R.G. (1992). «Income Distribution and Life Expectancy», *British Medical Journal*, 304, p. 165-168.

WILSON, William J. (1997). *When Work Disappears*, New York, Albert Knopf.

WILSON, William J. (1991). «Public Policy Research and The Truly Disavantaged» dans C. Jencks et P.E. Peterson (éd.): *Urban Underclass*, Washington D.C., The Brookings Institute, p. 460-481.

WILSON, William J. (1987). *The Truly Disavantaged: The Inner City, the Underclass, and Public Policy*, Chicago, University of Chicago Press.

WILSON, William J. et R. APONTE (1985). «Urban Poverty», *Annual Review of Sociology*, 11, p. 231-258.

MEMBRE DE SCABRINI MEDIA

Québec, Canada
2001